JE SUIS LE RUGBYMAN MASQUÉ

Ouvrage dirigé par Clément Ronin

38, rue La Condamine
75017 Paris

Photo de couverture : © Presse Sports

ISBN : 9782755618570
Dépôt légal : juin 2015
Imprimé en Espagne (Blackprint)

JE SUIS LE RUGBYMAN MASQUÉ

Hugo Sport

FRANÇAIS, EN GUERRIERS
MAGNANIMES,
PORTEZ OU RETENEZ
VOS COUPS !
ÉPARGNEZ CES TRISTES
VICTIMES
À REGRET S'ARMANT
CONTRE NOUS
MAIS CES DESPOTES
SANGUINAIRES
MAIS CES COMPLICES
DE BOUILLÉ
TOUS CES TIGRES QUI,
SANS PITIÉ,
DÉCHIRENT LE SEIN
DE LEUR MÈRE !

« Le rugby c'est comme l'amour, il faut donner avant de prendre. »

Je connaissais le rugbyman casqué, me voilà masqué.

Et moi, les bals masqués, c'est vraiment pas mon truc.

Pourtant je me suis laissé tenter.

Pas pour le fric. Je suis rugbyman, les fameuses valeurs. Contrairement au football, le blé ne fait pas la valeur. Enfin, c'est un genre qu'on aime bien se donner. Au niveau du folklore, on préfère jouer la carte Patrick Sébastien et son « Grand Cabaret » que Booba au « Grand Journal ». Mais il est difficile aujourd'hui pour un sportif de haut niveau de ne pas être tenté de se faire de l'oseille et de surfer sur sa vague, courte, intense, éphémère.

Tout n'est pas une question de fric, je vous le jure, parce que j'ai une haute idée de mon sport même si la vérité n'a jamais effleuré l'Ovalie.

Mettez-vous au clair avec vous-même et votre fascination pour ce sport.

Ça peut vous faire mal.

Je ne suis pas une légende à la Daniel Herrero.

Je n'ai pas un accent du Sud à vendre du cassoulet sur un marché à Bayonne.

Je ne suis pas joueur à la retraite consultant.

Je suis un joueur parmi les joueurs. Je m'appelle Julien, Marc, François, Sylvain, Thierry, Frédéric, Christophe, Yoann, Jean, Philippe, Fabien...

Je les connais, ils me connaissent.

Je ne veux pas leur faire peur.

Mais ce livre peut ressembler à un plaquage, un tampon, une troisième mi-temps où on se laisserait aller.

Préparez les vessies de glace, le Mercurochrome, les lavements barytés.

Je suis un rugbyman masqué, libre comme l'air.

Vous avez envie de connaître qui, au fond ? La façade, les apparences, les éléments de langage médiatique ou les backstages, les odeurs de vestiaire, les bruissements, les substances illicites, l'ADN de mon sport adoré ?

Paraît qu'il faut rire de tout, et surtout du rugby. Le rire est mieux qu'une assurance-vie. La plupart des gosses jouent au rugby pour avancer masqués. Vis-à-vis de leurs parents, de leurs instituteurs, de leurs entraîneurs, du public, des journalistes, de leurs potes. En clair, une double vie.

Une vie publique où tu joues au rugbyman et une autre que tu partages avec tes amis et où *presque* tout est permis, où l'on peut *presque* tout se dire. Moi, j'ai décidé d'écrire. De vous raconter tout ce qu'un rugbyman peut se dire.

Le rugbyman sait garder ses secrets. Il y a une forme de solidarité tacite dans ce sport qui permet justement de faire un peu tout et n'importe quoi. Et ça commence dès l'enfance. J'aime bien l'idée du masque parce que ça correspond assez à ce que je suis. Je n'aime pas regarder par le trou de la serrure ce qui se passe derrière la porte, mais comme pas mal de mes coéquipiers, j'ai fait des trucs en douce, des choses qui n'avaient pour but que de vivre plus fort.

Le rire et les mauvaises blagues dans le rugby sont les mamelles de l'effort (désolé, c'est grotesque comme image mais bon, le rugbyman a un côté rural, alors je me suis dit que c'était naze mais acceptable) parce que, par ailleurs, si nous n'étions que des machines à pousser en mêlée, ce serait l'enfer.

Alors, derrière le masque du mec qui rentre sur un terrain, il ne faut jamais oublier le gamin espiègle qui se cache derrière. Celui qui a eu envie de taper dans la gonfle et de voyager pour vivre peut-être plus intensément que les autres, sentir le frisson du danger. J'aime penser que le rugby est le prolongement de la cour de récréation, en mieux, parce que souvent, au lieu d'être puni, si on est bon, on est félicité, adulé. Applaudi par un Stade de France plein à craquer... Quand je ferme les yeux, j'ai encore le vacarme greffé au cerveau.

« Le rugby doit d'abord rester l'art de bien passer sa jeunesse. »

Moi, personnellement, j'adorais montrer mon cul à la fenêtre à l'arrière du car. Je n'avais pas 10 ans et j'aimais déjà quitter le cocon familial avec l'équipe. Les déplacements en bus me permettaient de faire le con, d'être au centre de l'attention. J'avais des bonheurs simples, comme un gamin du Sud-Ouest que les parents encouragent à aller prendre des baffes tous les week-ends. J'étais volontaire, cela dit.

Je me demande si je n'ai pas joué au rugby parce j'avais trouvé là un excellent alibi, le prétexte idéal pour faire des conneries avec mes copains, pour éviter les conventions d'une société qui n'est pas si drôle que ça. Le rugby est une bulle où tous les excès sont permis, dans une certaine mesure, et bien sûr cette façon de voir la vie est fondatrice. Les souvenirs que je conserve de ma carrière, qui touche maintenant à sa fin, se mesurent aussi et surtout à l'envie que j'ai eue, en tant que joueur, de profiter pleinement de ma situation privilégiée, de vivre de ce que j'aimais faire par-dessus tout. Quand je repense au gosse que j'étais, je n'ai pas beaucoup changé. Je ne réveille plus mes potes endormis en plein milieu de la nuit en les bourrant de coups de poing, j'ai arrêté de barbouiller mes coéquipiers de boue dès qu'une flaque se présente, mais je garde un souvenir ému de l'excitation qui s'emparait de moi au moment de piquer plus ou moins discrètement mes premiers bouquins de cul dans les stations-service pendant que le chauffeur faisait le plein. Ça me procurait autant de sensations fortes, sinon plus, que l'attente d'une sélection. Ce qui ne m'a pas empêché, bien au contraire, de désirer et de remporter le titre de champion de France.

Mais j'ai toujours eu cette petite voix en moi qui me murmurait qu'un bouclier de Brennus offrait surtout la possibilité de faire la pire des bringues à l'œil pendant une semaine. Et puis, la bière mélangée au goût de la victoire est bien meilleure. Ce n'était pas la carotte, mais la cherry on the cake. Une cerise très alcoolisée.

« Nul sport plus que le rugby ne pourra marquer l'histoire réelle d'une jeunesse faite d'humour, de passion, de force, de finesse et de cœur. »

Ma vie de rugbyman a véritablement commencé dans un couloir. Jusque-là, j'étais ce que l'on appelle un « Espoir ». Dans le jargon, j'étais un apprenti talentueux, si vous voulez. Jusque-là, pour moi, tout était synonyme de plaisir, de jeu. Jusqu'à ce qu'« il » s'approche de moi, en conspirateur, à l'écart des autres. Avant cela, si je regarde en arrière, le rugby a été pour moi le substitut idéal à l'éducation, scolaire et familiale. J'apprenais à vivre en communauté sans aucune contrainte.

Plus jeune encore, j'étais ce qu'on appelle abusivement aujourd'hui un enfant « hyperactif ». Je ne souffrais d'aucun mal particulier, simplement je ne tenais pas en place. Il fallait que je coure, que je pousse, que je renverse et que je m'épuise. Excédés et épuisés par cette espèce de tourbillon perpétuel, mes parents ont cru bon de me diriger vers les arts martiaux. La boxe éducative, le karaté étaient censés me vider de cette énergie qui ne me laissait, et ne leur laissait, aucun répit. Mais je ne trouvais pas ça drôle du tout. Les techniques, toutes ces prises compliquées, le protocole... Pas pour moi.

Je préférais courir et me rouler par terre. Il me fallait un ballon et empoigner mes copains. Surtout, j'y allais seul, et je revenais seul chez moi. À l'école, à la maison, je ne parvenais à me concentrer sur rien. Mon père n'était pas rugbyman. Dans une région où tous les hommes valides pratiquent, c'était une sorte d'exception, une curiosité, presque une anomalie. Un peu comme si j'étais né à Glasgow ou Dublin et que mon père ne buvait pas de bière. Le mien était juste sportif. Je passais tout mon temps libre avec lui, dehors, à m'essayer à tout ce qu'il pratiquait : tennis, basket, course à pied. À la maison, le sport faisait partie de notre vie quotidienne et mon père suivait les matchs de rugby comme des milliers d'autres spectateurs.

Les samedis après-midi de mi-janvier à mi-mars, c'était le Tournoi, les commentaires de Pierre Salviac (qui parlait de son style ainsi : « J'ai axé ma stratégie sur le descriptif, le statistique et l'anecdotique avec l'aide d'Albaladejo qui faisait l'explication de règles et l'explication de jeu ») et ma mère qui n'avait pas intérêt à faire de bruit. Mais le vrai bonheur, c'était de l'accompagner au stade voir l'équipe locale, une équipe moyenne condamnée par le professionnalisme à jouer les seconds rôles aujourd'hui, et même les troisièmes. Le rituel était toujours le même. Ma mère préparait le repas, que nous mangions en silence, déjà concentrés sur notre match, puis nous partions au stade avec des amis, des voisins. Le stade était à une demi-heure de marche, sans compter l'escale rituelle au bistro où nous avions rendez-vous avec d'autres amis. Quand tout le monde était là, direction les tribunes. Toujours aux mêmes places. L'engouement pour ce sport dans le Sud dépasse le fait sportif. C'est une procession. Je n'écoutais pas vraiment les commentaires des adultes, mais le rugby est aussi un sport de parole. Le rugby est culturel. Tout le monde a son avis, y compris les mères des joueurs. Croyez-moi, il n'y a pas pire supportrice qu'une mère de joueur.

Pour elles, l'arbitre est obligatoirement cocu. Et leur fils, un putain de génie.

Je me souviens que, dès le premier match, j'ai été immédiatement séduit par le jeu en lui-même. Juste le jeu. Il y avait un grand type dans l'équipe locale. Il devait faire deux mètres. J'adorais voir les adversaires s'y mettre à trois pour le faire tomber à genoux.

À 7 ans, je demande donc à mon père de m'inscrire à l'école de rugby. Il accepte. J'étais fou de joie. Pour moi, le truc le plus important a été d'aller acheter le plus vite possible mes premiers crampons. Les crampons, c'était le signe que là, ça devenait officiel. « Je jouais au rugby » et je ne faisais plus que me castagner avec mes potes.

Je voulais un maillot, un numéro, pouvoir me jeter sans arrière-pensées dans les jambes des autres. Pour la première fois, j'entendais le long de la main courante des personnes que je ne connaissais pas crier des encouragements. « Vas-y, petit ! » Le vieux concierge du stade nous aimait bien. On balançait nos affaires sales dans un grand panier, il nous traitait de « petits cons » avec affection.

Au rugby, on n'aime pas les enfants sages. On nous faisait jouer avec un ballon. C'est tout ce dont je me souviens. On n'y entendait pas parler de « technico-tactique », de « gestes techniques ». Aujourd'hui, quand je vois les gamins s'entraîner, on leur casse les pieds avec tout un vocabulaire, les « automatismes » et tout le toutim, et on leur fait répéter des gestes du style passer la balle dans un sens, dans l'autre. On leur parle de « repli défensif », de « revenir dans l'axe ». On se croirait à Normale Sup. On n'avait pas ces problèmes-là, nous. On se faisait moins mal à la tête, on n'avait qu'une obsession, planter l'essai de l'autre côté de la ligne. Il s'agissait de courir avec un ballon, de taper dedans, et c'était à peu près tout. Personnellement, à cet âge-là, je n'ai jamais entendu parler de « ruck » ou de « passe après contact ». Je ne connaissais pas les règles. Au plus haut niveau, ce sont des notions obligatoires qu'on impose aux joueurs sous le nom magnifique de « travail spécifique ». Je me demande à quoi ressemble le mec qui a inventé cette expression. Heureusement qu'on ne m'a pas parlé de « travail spécifique » à l'époque, j'aurais tout laissé tomber. Parce que nous, on nous donnait un ballon et il fallait se débrouiller pour avancer sans autre instruction. L'éducateur nous disait simplement que nous étions les meilleurs, qu'il fallait rendre les adversaires chèvres, surtout ne pas les laisser nous plaquer et que, si cela arrivait, il fallait passer au copain. J'étais comme un poisson dans l'eau.

Au fil des années, j'ai connu des enfants de mon âge à l'école de rugby qui voulaient tout arrêter parce qu'ils étaient face à l'échec ou parce que leurs parents étaient toujours derrière eux à les pousser, à leur mettre une pression de malade. Le père de Jean était rugbyman. Jean, c'était mon pote. Quand j'y repense, c'est un crime. Tu es ancien joueur et tu fais le forcing pour que ton fils devienne coûte que coûte rugbyman comme toi ? Jamais je ne ferai ça à mes garçons. Ils seront ce qu'ils voudront. S'ils veulent devenir rugbyman, je les avertirai des contraintes de ce sport, des inconvénients comme des avantages. Je les encouragerai s'ils choisissent cette voie. Et s'ils en choisissent une autre, je les encouragerai tout autant. Le père de Jean avait fait une petite carrière et il nous amenait à l'école de rugby. Il parlait sans cesse de ses exploits, des bastons en citant des noms de joueurs que nous ne connaissions pas. Il fumait au volant. Il disait que le rugby était un sport d'homme, qu'il ne fallait pas pleurer, qu'il fallait se battre, être fier. Nous n'avions pas envie de nous battre et il nous arrivait de pleurer. Un jour, Jean est resté K.-O. après un plaquage, le souffle coupé. Un gros l'avait écrasé. Son père était furieux, a engueulé tout le monde, l'entraîneur l'a menacé de lui « en coller une » s'il n'arrêtait pas. J'ai revu Jean après cet incident. Il m'a dit que son père voulait l'inscrire dans un autre club, « plus professionnel ». Mais Jean n'a plus voulu. Ce qui l'intéressait, c'était de jouer avec moi, avec nous, pas d'aller dans un club qu'il ne connaissait pas. Ce qui était un plaisir pour moi était devenu une angoisse pour lui. J'ai eu des potes auxquels leurs parents mettaient vraiment la pression. Moi, j'ai toujours voulu pouvoir me regarder dans la glace. Eux ont arrêté. Tous, sans exception. Mais pas moi.

« Un vrai coup de godasse sur un type à terre, c'est encore plus dur à donner qu'à recevoir. »

Le rugby peut faire mal. Mal enseigné, il peut être nocif, voire rebutant.

Tu peux aussi te sentir très vite exclu si tu n'es pas dans l'esprit.

Il ne faut pas être trop susceptible, il faut avoir du répondant, avoir de la « tchatche », sinon t'es mort.

Mais difficile de se rebeller contre son propre père, non ? Mes parents étaient présents et venaient me voir jouer. Mais jamais il n'a été question de me forcer la main. Ma mère surveillait mon langage qui avait tendance à devenir très légèrement fleuri. Je m'enflammais pour un rien.

Dans l'équipe d'en face, il y avait toujours un « enculé » et on allait « le niquer ».

Il y avait avec nous un petit mec tout sec dont on disait que les parents étaient très pauvres. Il avait des survêtements troués, des pauvres pulls minables. On laissait personne se moquer de lui. Et de toute façon, le voir jouer faisait passer l'envie de se moquer. On l'appelait « Papillon » parce qu'il avait une manière de changer ses directions de course avec la légèreté d'un papillon. Dans un match, il ne parlait pas beaucoup et se faufilait plutôt comme une anguille, par tous les trous. Il deviendrait mon nouveau pote. Je m'amusais à le regarder zigzaguer, je n'étais jamais très loin de lui et, souvent, nous marquions des essais.

À côté de Papillon, j'ai appris des tas de choses à la fois très simples et très importantes. On fait partie du groupe ou on n'en fait pas partie, on est bon ou mauvais joueur, on supporte ou pas de se faire hurler dessus par un entraîneur psychopathe, etc. La clé, c'est de garder toujours beaucoup de recul et de savoir, sentir où est son plaisir. Si on ne s'amuse pas, on ne peut pas jouer. Avec Papillon, on faisait des un-contre-un dans mon jardin. Il venait souvent manger à la maison. J'ai deux frères plus jeunes qui ont aussi joué au rugby, mais ils ne m'en voudront pas de dire que Papillon était mon frère de jeu. Papillon était petit, mais il filait des mandales. Il a joué en Fédérale 3 parce qu'il a dû travailler très tôt dans un garage. On se voit, on s'appelle encore. On s'aime.

Pour ma part, le rugby était surtout l'endroit où je me faisais des potes. On jouait à notre façon, c'est-à-dire qu'on se connaissait par cœur et qu'on se trouvait sur le terrain sans réfléchir. Hop ! Je pars à droite derrière la mêlée et les autres suivent, on s'appelle, on se sent. Jusqu'à ce jour où ce manager d'un grand club s'est donc approché de moi à la fin d'une rencontre pour me dire qu'il comptait sur moi la saison suivante en équipe première. L'équipe en question évoluait dans l'élite, jouait avec l'ambition de remporter des titres. Sur le moment, j'ai eu l'impression qu'en disant cela, il n'était pas convaincu lui-même. J'étais très jeune. Je me disais : « Mais jamais il n'a sérieusement pensé avoir besoin de moi. Surtout, il ne peut pas croire une seconde que cela puisse fonctionner. » Le mec était sérieux, là ? J'étais encore un gamin, physiquement et dans ma tête, je ne me sentais pas forcément prêt à affronter les mastards de première division qui faisaient la gueule. J'avais un peu la trouille. Et, en même temps, ça m'excitait. Mais en rugby, tout se joue exactement là. J'ai appelé Papillon qui m'a dit : « T'es con ou quoi ? Moi, on me l'aurait pas dit deux fois. Fonce ! »

Alors pourquoi moi ? Pourquoi si tôt ? Je l'ai compris plus tard, quand j'ai eu un peu plus de bouteille. Dans ce sport, les blessures et les absences des uns et des autres contraignent les entraîneurs à faire signer des jeunes en réserve pour « faire le nombre » en cas de coup dur. Comment on dit, déjà ? Manager, c'est anticiper. Et contre toute attente, dès le début du Championnat la saison suivante, je me suis retrouvé titulaire. C'était ma chance. Je reste persuadé que, pour le coach, ce n'était pas une décision qu'il a prise de gaieté de cœur, je ne me considérais pas comme un « choix de l'entraîneur ». Mais le sort en en voulu autrement. L'équipe était vieillissante, et je me suis retrouvé propulsé dans le grand bain. Il faut que vous sachiez que cela se passe ainsi pour un très grand nombre de jeunes joueurs. Et inversement, combien de bons joueurs, entre 19 et 22 ans, n'atteindront jamais le haut niveau, non pas parce qu'ils n'en ont pas la capacité mais parce qu'ils n'ont pas eu la même chance que moi ? Malgré toutes les années écoulées et une carrière bien remplie, et quelques flirts avec l'équipe de France, j'ai toujours conscience de cela quand je joue. Je pense toujours à Papillon, qui n'a pas eu cette chance et qui l'aurait méritée.

En vérité, je n'ai pas choisi le rugby. Il sommeillait en moi. Cela m'a permis de mettre de la distance entre mon plaisir et mon métier. Et puis ce sport n'était pas tout à fait professionnel quand je l'ai découvert. Je ne l'ai pas choisi, mais j'ai fait ce qu'il fallait pour mettre toutes les chances de mon côté. Et pour obtenir ce que j'avais pressenti le jour où mon équipe locale était allée en finale. Je me souviens de ce match comme si c'était hier. Nous étions tous là, mon père, nos voisins, nos amis. La procession habituelle, avec juste un peu plus de solennité, et les mères des joueurs toujours aussi remontées contre l'arbitre. Mais moi, ce match-là, je n'avais qu'une chose en tête : vivre ce moment sur le terrain. Et c'est très précisément ce jour-là que j'ai su que je voulais prendre la place d'un de ces trente joueurs. Et rien d'autre.

Pour bien restituer l'ambiance de l'époque, le rugby n'était pas le sport médiatique qu'il est devenu. À part ceux du Tournoi, les matchs n'étaient pas retransmis comme ils le sont aujourd'hui. Pour voir du rugby, il fallait aller au stade. Il n'y avait donc aucun mimétisme possible. Je veux dire, on voyait bien le jeu, en quoi il consistait, mais on pouvait louper des actions-clés, par inattention et parce que ça se passait en direct et qu'il n'y avait pas de ralenti sur écran géant. Les joueurs de rugby n'étaient pas des stars auxquelles on pouvait s'identifier. Aujourd'hui, avec YouTube, Internet, n'importe quel gosse peut se repasser en boucle un exploit technique de Sonny Bill Williams et tenter de l'imiter. De mon temps, le seul savoir que nous acquérions nous était donné par un unique entraîneur.

Je ne veux pas dire que « c'était mieux avant », je veux simplement montrer en quoi ce sport s'est modifié, transformé, professionnalisé rapidement, en moins de vingt ans. J'ai vécu ces changements. L'évolution a été météorique. Et j'ai senti très vite le temps me rattraper. Par exemple, il y a des tas de choses que je ne sais toujours pas faire, et cela m'a joué des tours dans ma carrière. J'ai presque autant de lacunes que j'ai raté de plaquages – et j'en ai raté beaucoup. Il y a des choses que l'on demande aujourd'hui à un joueur qui ne sont simplement pas dans ma panoplie technique. Mais, du coup, j'apporte autre chose. Sans doute mon insouciance. C'est peut-être ça, le « French Flair ». J'écoute assez peu ce qu'on me dit de faire. Toujours est-il que les médias, les images, ont, de façon indirecte, influencé l'évolution du jeu lui-même, pour un tas de raisons. Pour les enfants d'aujourd'hui, la télé pour le grand public, la vidéo pour les joueurs ont inoculé un virus, créant une « seconde nature » du jeu et modifiant celui que je pratiquais dans mes jeunes années. En grandissant, bien sûr, j'avais mes repères, j'avais vu la demi-finale de Coupe du monde France-Afrique du Sud en 1995 et je pestais comme un malade. Mais sur le bord d'un terrain, vous n'observez pas les choses comme devant un écran d'ordinateur. On revient rarement sur un geste, on ne peut pas rembobiner, il faut soi-même avoir la capacité de le repérer car, si vous l'avez loupé, c'est tant pis pour vous. Aujourd'hui, l'ironie est que je suis obligé de passer presque plus de temps, en tant que joueur professionnel, à travailler devant des écrans que balle en main sur un terrain. Je trouve cela vertigineux. Jusque dans ta chambre, on te demande de regarder des vidéos personnalisées de tes matchs ! Comme si on ne savait pas ce qu'on fait.

Avec mes copains, nous n'envisagions pas le rugby

en termes de carrière ni d'argent. J'ai souvent dit que je « jouais » au rugby parce que, pour moi, ce n'est pas un métier. Pourquoi ? Parce que dans notre formation, nous avions davantage de liberté, nous avions plus de capacité à inventer, à créer plutôt que prévoir. Nous étions moins formatés. Aujourd'hui, c'est tout un encadrement qui est en cause parce qu'il s'agit de tout anticiper, tout le temps. Et les joueurs ont de plus en plus de mal à sortir de ces instructions, de ce carcan. Rares sont ceux qui y arrivent. Pourtant, en France, c'est la base de toute notre culture. Parfois, je me surprends à trouver un peu triste cette perte d'imagination. Personnellement, j'ai reçu une formation assez simpliste. On ne travaillait pas la défense, on nous apprenait à plaquer. Il y avait toujours un entraîneur pour te dire comment te placer face à l'adversaire, comment baisser la tête, mais c'était du un-contre-un, de la défense glissée. Il n'y avait pas de défense collective. Pour le reste, on faisait ce qu'on voulait. On récupérait un ballon et on attaquait ; il n'y avait pas de postes, c'est venu après. D'ailleurs, plus tard, j'ai adoré jouer devant comme derrière. Mais un jour, cela s'arrête, on te colle un numéro, ou deux, pas plus.

En réalité, ce qui m'a fait aimer le rugby, je veux dire le moteur, avant même de m'interroger sur le jeu, c'était que je m'y faisais des vrais amis. Et, par-dessus tout, les déplacements en bus, en train, en avion me mettaient en joie. Ils te donnent le sentiment de faire partie d'une équipe. Je sais, nous étions quatre inséparables, on avait les sièges du fond réservés parce qu'on foutait le bordel et que nous étions les cancres de l'équipe. Mais pas sur le terrain. L'un d'entre eux est devenu un international de grande renommée.

Là, on se muait en leaders, on entraînait les autres avec nous, et le sérieux et l'application prenaient nettement le dessus sur toute autre considération. J'ai gardé ça. J'y ai puisé mon énergie.

Beaucoup de choses se sont décidées pour moi dans ces moments suspendus, hors du temps, ces instants où tu sens que tu fais partie d'un tout. Quand tu es gamin, et pas seulement d'ailleurs, c'est très valorisant de se sentir utile à quelque chose. On t'emmène quelque part avec d'autres gus parce qu'on a besoin de toi. C'est un sentiment unique.

Tu te la pètes un peu, parce que tu sais, au fond de toi, que t'es pas mauvais. Pour d'autres, je l'ai dit, c'est plus difficile. Cela peut être une source de stress. Ça n'a rien à voir avec le niveau du joueur en question, parce que même ceux qui n'étaient pas très bons étaient portés par ce sentiment. Recevoir une coupe tous ensemble fait se sentir important. On a le sentiment d'avoir construit quelque chose. Il y avait des gros, des petits, des grands. Les gros faisaient le sale boulot, ils allaient « péter », mais l'éducateur valorisait tout le monde. D'ailleurs, à cette époque, le coach était plus un éducateur qu'un entraîneur. Un guide, je dirais. Il nous enseignait ce que ni l'école ni les parents ne nous apprenaient. Il distinguait bien notre besoin de se foutre de la gueule du monde et notre implication dans le jeu. Je pense que le rugby enseigne sans forcer les principes de base de la vie en société. Surtout à des énervés comme moi.

« L'an prochain, tu fais partie du groupe. »

Cette phrase du coach m'a marqué parce qu'à partir de là, je me suis dit qu'il fallait que je bosse.

C'est tout bête, mais ça a eu le pouvoir de me faire me projeter. L'insouciance cédait le pas à la réflexion. Pendant tout l'été précédent, j'avais donc décidé seul de me mettre à la fonte, de me faire la caisse comme on dit.

Puis, le jour J est arrivé.

Je déménage, j'ai un studio dans une grande ville, comme un étudiant, sauf que dès la première saison, je débute en Championnat dans une équipe qui a pour ambition de se qualifier pour la Coupe d'Europe. La Coupe d'Europe !

Je ne sais pas si vous réalisez ce que ça pouvait représenter pour moi. J'allais faire mes débuts dans un stade où je n'avais jamais mis les pieds. J'allais passer d'un terrain où l'on jouait devant 300-400 spectateurs à un stade qui en rassemblait régulièrement plus de 10 000. Et on a pris une raclée. À la fin du match, étrangement, cela ne m'a pas touché plus que ça. Il y avait plus important pour moi.

Quand je suis entré pour la première fois dans le vestiaire, je n'avais pas de casier. J'ai compris qu'on m'avait préparé une chaise, une pauvre chaise brinquebalante sur laquelle on avait posé mes affaires. Maillot, survêtement, chaussures, etc.

À ce moment-là, tu perds tes repères, mais tu t'en forges de nouveaux. Une fois dans ce vestiaire, je regardais ce que faisaient les autres. Je faisais pareil. Je copiais tous leurs gestes. Ce mimétisme m'apportait une contenance, me rassurait aussi. J'avais 18-19 ans, et certains de mes nouveaux partenaires en avaient plus de 30. Il y a avait là quelques internationaux qui se préparaient à disputer une dernière Coupe du monde et dont certains allaient se faire décaniller les uns après les autres. La roue allait vite tourner.

Je ne le savais pas encore, mais grâce à cette hécatombe, je jouerais de plus en plus régulièrement. Et le rugby français se portait bien à l'époque. Tellement bien que cette vague d'euphorie qui me transcendait n'allait pas tarder à me conduire jusqu'en équipe de France. Deux joueurs seulement étaient à peine plus âgés que moi et, au fond, eux étaient bien contents de me voir arriver, c'était plus facile pour eux parce que la communication avait parfois du mal à passer. Disons qu'il y avait un peu de friture sur la ligne.

Le rugby renvoie une image de chaleur humaine, mais elle passe par de drôles de tuyaux. Les anciens étaient les plus distants. Je comprendrais petit à petit qu'il fallait faire ses preuves avant qu'ils daignent partager quelque chose avec toi. Ce décalage se renforçait au moment de m'habiller. La tenue qu'on m'avait réservée n'avait de toute évidence pas été conçue sur mesure. Je tirais sur le maillot pour qu'il m'arrive au nombril. Mes chaussettes étaient trop grandes et le short me serrait l'entrejambe. J'essayais de lire dans leurs pensées. Il n'y avait ni mépris ni enthousiasme fou de leur part à m'intégrer dans leur décor, mais la situation avait créé immédiatement des interactions. J'étais quand même entré dans ce vestiaire qui, quoi qu'on en dise, demeurait pour moi un lieu inaccessible.

Dans mon ancienne équipe, en tant que joueur « Espoir », les mecs de l'équipe première me considéraient comme une menace. Mais lointaine. Sauf peut-être les remplaçants. À l'époque, faire banquette, c'était une punition. Aujourd'hui, il n'y a plus de remplaçants à proprement parler, tout le monde a son rôle à jouer dans la partie. Le « coaching » est entré dans les mœurs. Mais à l'époque, parmi les remplaçants, il y avait des mecs de 25-26 ans qui jouaient parfois en équipe B. Et, quand nous avions des entraînements en commun et qu'un « Espoir » jouait un peu trop bien, il pouvait devenir une cible humaine. Ça apprend à feinter.

Mais ce jour-là, je ressentais qu'en dépit des apparences, mon maillot moulant et ma chaise, il s'était produit quelque chose qui ne passe pas par les mots. J'avais basculé de l'autre côté. Une fois titulaire, tout ce jeu qui visait à t'impressionner s'arrête. « Tu fais partie du groupe. » Chaise ou pas, maillot moulant ou pas, timide ou pas. Et j'en conclus donc que j'avais été très bien accueilli.

Le match se passe, on perd. Pour l'encadrement, perdre à l'extérieur d'emblée, c'était une grosse déception, je l'ai bien senti.

Le plus drôle, c'est que j'étais sûrement le seul à être content comme tout. Pas d'avoir perdu, bien sûr. Mais le plus important, c'était d'être là. J'étais surtout aux anges d'avoir terminé le match. Lors du voyage retour, rien d'extraordinaire, mais bien qu'étrangement guilleret au milieu de joueurs qui faisaient décemment la gueule, je ne pouvais pas sauter au plafond après avoir perdu. Une fois arrivés, un des joueurs me propose de me ramener. En fait, nous étions partis pour une nuit blanche.

On se retrouve dans une boîte et les anciens vont me faire picoler jusqu'à l'aube. Le même, alors que je m'endormais à moitié dans sa voiture et que je pensais qu'il me ramenait chez moi, s'amusa à me jeter devant la porte du gardien du stade, non sans avoir klaxonné bruyamment pour réveiller le pauvre diable. Il m'a trouvé ivre mort couché sur son paillasson. Rien que ça ! Je venais à peine d'intégrer l'équipe première et, déjà, tout le monde était au courant, dès l'entraînement suivant, de la facilité avec laquelle je passais des éclairages d'un stade de rugby à la lumière tamisée d'une boîte de nuit. Le surlendemain, je trouvai mes coéquipiers goguenards dans le vestiaire. Ils m'observaient sans rien dire. En ouvrant mon casier (je découvrais que j'en avais un), je vis immédiatement sur l'étagère du haut une bouteille de gin qui m'attendait. Je me suis fait lourdement chambrer. Voilà pour mon baptême du feu. Heureusement que j'aimais bien faire le con (et je vous rassure, j'adore toujours autant), le traitement était bien passé. J'étais très fier. J'en conclus donc que j'avais été très bien accueilli. Que je n'avais plus à douter. Je faisais partie de la bande. Et qu'un soir de défaite, il fallait faire (un peu) semblant d'être triste.

En même temps, je quittais un monde merveilleux. Il n'y a aucune nostalgie là-dedans. Je vous raconte ça car ce sont mes jeunes années qui ont fait le joueur que je suis.

À 14 ans, je n'avais pas beaucoup d'occupations : je jouais au rugby, et c'était à peu près tout. Dans l'équipe du collège et en club. Ça m'a sûrement évité une crise d'adolescence.

Je n'ai pas ressenti le moindre mal-être durant toutes ces années, je n'avais aucun souci d'identité sexuelle, pas de problème avec le sexe en général, pas de désir de rébellion.

Je n'étais pas un « Pink Floyd » comme disaient les anciens quand ils croisaient un gamin mal dans sa peau, les cheveux longs, boutonneux, genre artiste. Je faisais partie d'une famille nombreuse, mes potes, ma famille étaient « rugby ». Je n'avais pas de raison de faire de conneries. De vraies conneries je veux dire. La déconnade, oui, encore heureux ! J'ai voyagé assez tôt, j'ai la chance d'avoir des gens cultivés dans mon cercle familial élargi, j'estime avoir l'esprit « ouvert » même si, alors, la « culture » m'intéressait moyennement et les études encore moins.

Je n'avais qu'un seul souci durant cette période : je grandissais moins vite que mes potes. C'est aussi ce qui m'a obligé à me hisser au-dessus d'eux mentalement et techniquement parce que j'aimais la confrontation physique et faire le con. Dans le rugby, j'ai très tôt trouvé des complices. Les véritables amitiés que j'y ai nouées sont indissociables d'une complicité dans le jeu. L'amitié se forge dans les victoires, et les défaites la renforcent.

Enfant, j'avais deux sortes de copains. Ceux du rugby et ceux de l'école. Étrangement, ces amitiés étaient séparées, sans doute parce qu'elles étaient dissemblables. Bref, ça ne se mélange pas forcément. Pour être plus précis, avec mes amis du rugby, on formait plus un gang, une bande. Ce n'est pas la peine de prétendre le contraire, dans ce cas-là, les bons joueurs se retrouvent entre eux. Le premier des clans, c'est celui-là. Ton meilleur pote, c'est celui avec qui tu concoctes les combinaisons. Les autres n'en font pas partie. Ils ne servent à rien, pour ainsi dire. C'est comme les groupes de filles quand elles sortent ensemble. Souvent, les jolies filles sont entre jolies filles. Et puis, il y a les autres, les boudins...

L'image vaut ce qu'elle vaut, mais ça marche comme ça. Et c'est dans cette confiance en soi et en eux qu'on se sent pousser des ailes, qu'on pousse le bouchon le plus loin possible. Parfois trop loin.

J'ai failli être viré d'un club pour avoir organisé l'inondation d'un hôtel. Une bataille à coups de jet d'eau qui a tourné au vinaigre. Je n'ai jamais tout à fait perdu cet état d'esprit-là. Je n'ai jamais rien fait de grave, d'autres s'en sont chargés. Et comme j'adore le comique de répétition, plus tard, lors d'une tournée, j'ai coupé le ballon d'eau chaude au moment de la douche. Je ne sais plus comment, mais j'avais également coupé le compteur électrique et, avec mon complice, on a vu les gars sortir à poil dans l'obscurité, couverts de mousse, et on était morts de rire. Le hic, c'est que jamais personne n'a pu rebrancher l'électricité.

Je ne raconte pas tout parce que, même si de l'eau a coulé sous les douches, je crois que les mecs nous tueraient.

À l'époque, c'était aussi ça, vivre ensemble tout le temps. Nous faisions corps, nous étions connus pour ça.

« On prend goût aux douleurs que le rugby provoque. Un match qui ne fait pas mal est un match raté. »

Si je raconte tout ça, ces blagues de potache, c'est pour exprimer ce qui peut se retrouver sur un terrain de rugby entre joueurs qui ont partagé ces moments-là, ces moments qui renforcent les liens, qui soudent des coéquipiers. On planifie des actions entre nous exactement comme on organise les conneries à faire et, quand ça marche, c'est le pied. Or, dans cette équipe où je venais de débarquer et où jouaient des internationaux, ces joueurs plus âgés n'étaient pour moi que des personnages, pas des copains, tout simplement. Tu touches alors du doigt immédiatement un truc exceptionnel. T'as même du mal à y croire. L'intimité des vestiaires corrige sur-le-champ l'idée que tu te fais d'un mec. Il y a des surprises. Un des piliers de l'équipe que je ne connaissais pas, et qui sur le terrain était une terreur, était en réalité un type qui allait encore à l'université, qui lisait énormément, qui portait des lunettes, qui ne buvait pas et qui ne fumait pas. Il parlait gentiment, presque doucement, malgré sa grosse voix, et il pliait ses affaires comme un curé prépare son autel. Il n'est pas resté longtemps dans l'équipe, mais j'ai su qu'il avait monté une boîte de communication. J'étais sur la liste des titulaires, avec ce type et son copain, l'autre pilier qui était dans l'agriculture, et je disputais des matchs avec eux, je me soûlais la gueule devant eux, mais j'étais encore spectateur. Et respectueux. J'ai tout de suite eu le sens des responsabilités. Comme par ailleurs je suis un boute-en-train, je n'ai pas eu trop de difficultés à m'intégrer. Pour preuve, je n'ai pas souvenir qu'un seul entraîneur ait eu besoin de m'engueuler en dépit de ma conduite en dehors du terrain.

Pour comprendre cette caractéristique du rugby, la dualité entre l'envie de faire des conneries, les débordements hors du terrain et le sérieux qu'on peut mettre dans les entraînements et les matchs, c'est qu'en fait les deux sont indissociables. Quand tu es gamin, et je m'en souviens, ta première contrariété est l'apprentissage obligatoire de la règle. Passé le temps où tu joues à la baballe, arrive celui où tu dois te soumettre à des règles complexes qui valent pour tout le monde. Ensuite, tu apprends à te faire une place dans l'équipe et à avoir conscience de la responsabilité qui en découle. Le plus dur : tu dois aussi apprendre l'abnégation. Ce n'est pas évident, quand tu es encore un gamin, d'être au service des autres. Enfin, le corollaire de tout ça : l'individualisme était proscrit. (Je vous parle de cette époque avant la starification des joueurs par la télévision.) C'était une autre éducation. Mais en écrivant cela, je me rends compte qu'il en reste quand même quelque chose. Juste un exemple. À leurs débuts, quand Morgan Parra ou Maxime Médard sont arrivés en équipe de France en plastronnant, ils se sont répandus dans la presse, ils seraient les meilleurs joueurs du monde, et patati et patata... Autant vous dire que cela a été très mal perçu. Et par les joueurs et par l'encadrement. Il y a immédiatement eu une explication de texte. Dans le rugby, sortir du rang n'est pas bien vu.

Je ne sais pas quelle éducation ils ont reçue, mais personnellement, je me souviens que nos éducateurs s'intéressaient toujours à notre scolarité. Surtout au collège, bien sûr. Quand je travaillais mal, les profs me menaçaient d'appeler mes parents pour que je sois privé de match le dimanche. Le rugby formait donc aussi à la vie. Ne pas jouer, même quand j'étais malade, c'était comme si on m'enlevait mon jouet. Pire que d'être privé de récréation, de télévision, de dessert. Et j'améliorais mes résultats à l'école pour être sûr de retrouver le terrain, je devenais plus responsable et, doucement, je passais à l'âge adulte. Cela vient aussi, évidemment, de l'éducation que m'a donnée mon père. Il me disait toujours : « Fais ce que tu as envie de faire, mais fais-le à fond et du mieux possible. » Et quand tu fais du sport, tu ne triches pas. Surtout au rugby où chacun a une responsabilité vis-à-vis des autres. Ce que tu foires, tous les autres en paient les pots cassés. Ça m'est resté. J'ai donc pris le rugby très au sérieux. La vie un peu moins. J'avais envie de gagner, mais, dans les équipes de jeunes, il n'y avait alors pas d'obligation de résultat. L'important, c'était le jeu. Et s'amuser. Et ça, malgré l'implication que je pouvais mettre sur le terrain, croyez-moi, pour m'amuser, j'ai jamais été le dernier !

D'un autre côté, les signes de reconnaissance de mon talent, si j'ose dire, sont venus assez tôt, dès les premières sélections départementales, puis régionales. Je sentais le regard des autres éducateurs sur moi lors des tournois. J'avais droit à un traitement un peu particulier. À ce moment-là, tout se savait par le bouche-à-oreille. Puis, un jour, tu es capitaine. Tu joues le *toss*, c'est à toi qu'on remet la coupe, puis c'est toi qui distribues les médailles aux copains. Tu fais partie des leaders, tu le sens bien. Évidemment, à 10-11 ans, personne ne vient te dire : « Toi, mon gars, t'es un bon. » Au contraire, on te rentre dedans. C'est pas dans les codes du rugby que de brosser un jeune dans le sens du poil. Mais, dès mes 15 ans, un ancien entraîneur à la retraite, qui traînait toujours le long de la ligne de touche, était venu me glisser à l'oreille : « S'il ne t'arrive pas de bricoles, tout devrait rouler pour toi... » Mais je ne me suis jamais pris la tête avec ça. Je vivais ça comme si tout ce qui allait suivre devait arriver. Ça a suivi son cours, c'est tout.

« Jusqu'à ce premier match donc, cette première cuite avec l'équipe une, je n'étais qu'un “Espoir”. »

Avec le recul, je me dis qu'aujourd'hui je ne crois pas que les événements se seraient passés de la même façon. Je l'ai constaté dans le dernier club de Top 14 pour lequel j'ai joué, les équipes disposent de moins de temps pour intégrer des jeunes joueurs. Les équipes de première division ont besoin de joueurs qui ont déjà acquis suffisamment de maturité physique et mentale pour être immédiatement opérationnels. Il faut gagner tous les matchs et le réflexe n'est pas de former des apprentis sur la base des promesses qu'ils laissent entrevoir, c'est rare.

Aujourd'hui, c'est vraiment l'équipe B qui prépare les joueurs. Je pense à Gaël Fickou qui, à Toulon, en dépit de son talent, n'a pas pu s'imposer au milieu d'une armada de grands joueurs expérimentés. Il a bien fait de partir à Toulouse même s'il n'y joue pas tant que ça. Le truc dingue, c'est qu'il n'en est pas moins déjà international. Comme Morgan Parra qui, à ses débuts, était remplaçant à Clermont et qui a été bombardé à la mêlée en équipe de France. Ceux-là sont allés encore plus vite, plus haut que moi. Bizarre...

NKOSI SIKEKEL'IAFRIKA MALUPHAKANYASW'UPHONDO IWAYO YISWA IMITHANDAZO YETHU NKOSI SIKELELA, THINA LUSAPHO IWAHO

« Les avants ont généralement leur QI marqué dans le dos. »

Les joueurs de ma génération n'avaient pas l'argent comme préoccupation première. Et moi non plus. De toute façon, au début des années 2000, l'argent était moins présent. C'est-à-dire qu'il ne faisait pas partie de notre environnement, des discussions entre joueurs telles qu'elles ont souvent lieu aujourd'hui.

À Marcoussis, entre joueurs de l'équipe de France, les mecs saisissent l'occasion de se renseigner sur les transferts des autres écuries. « Tu sais combien il prend, Halfpenny, à Toulon ? » L'argent est devenu un sujet de conversation banal entre joueurs alors qu'il y a encore une quinzaine d'années, les contrats étaient des espèces de bouts de papier de quelques lignes.

Aujourd'hui, c'est pire qu'un verdict au tribunal. Disons que si on savait lire, on comprenait. Maintenant, il faut être juriste pour capter la plupart des clauses. Tes obligations envers les sponsors, les frais divers, les interdictions d'escalader l'Annapurna pendant tes vacances, etc. De plus, on prenait ce qu'on nous donnait. Tout simplement parce qu'on ne savait pas quoi négocier, et surtout pourquoi.

Mon premier contrat porte donc la mention laconique « Contrat Espoir ». Des paragraphes énumèrent des possibilités d'augmentation en fonction du nombre de matchs joués par saison, ou d'une éventuelle sélection en équipe de France. Il existait un barème assez précis, et nous pouvions comparer. Mais, d'une façon générale, on faisait confiance au club qui nous avait amenés jusque-là, et il n'y avait pas lieu de penser qu'on se faisait arnaquer. En cas de souci, on pouvait toujours plus ou moins en parler directement aux dirigeants. Mais nous, les débutants, on voulait jouer.

À mes débuts, il n'y avait que très peu d'agents et c'était des anciens qui nous conseillaient. Eux-mêmes avaient à peine connu les tout premiers temps du professionnalisme. Certains joueurs vivaient déjà du rugby, mais ils ne savaient même pas où se trouvait la fac de droit. Leurs conseils étaient du genre rudimentaire. Leur spécialité, c'était plutôt l'art de négocier sans se fâcher, les petits arrangements, c'est-à-dire des avantages en nature, une voiture, un appartement, des horaires aménagés dans une université pour ceux qui étudiaient ou encore un emploi un peu bidon à côté, avec des plages réservées au rugby.

Parfois, c'était à Madame qu'on trouvait un job à la mairie quand on changeait de club et donc de ville. À vrai dire, leur rôle de conseil était très limité et cette activité qu'ils assumaient et qui allait devenir celle des agents aujourd'hui n'était pas dù tout encadrée. Ils s'acquittaient de cette tâche de façon assez informelle et la plupart avaient d'autres fonctions dans le club, c'était un peu comme des parrains, des tontons gâteaux, à moitié recruteurs, à moitié éducateurs.

En fin de compte, on se fiait davantage, comme par le passé, comme par réflexe, aux amis proches, à un réseau. Tout ça pour que dans la majeure partie des cas, cela se termine dans le bureau du président, en tête à tête.

« Écoute, si tu prolonges ton contrat, on t'aidera pour ta maison. Je suis très proche de Max Bouboule qui est dans l'immobilier, tu sais, l'ancien troisième-ligne. Bon, il a une villa avec piscine, on s'arrangera pour le crédit. Jean-Cé Troifoirien, notre trésorier, travaille à la Coopérative générale du Soulier d'or, je lui en ai parlé. »

Le président avait un bureau de ministre sans jamais aucun papier ni dossier dessus et, pour détendre l'ambiance, te faisait asseoir dans un fauteuil en cuir bien mou, un truc à s'endormir. La secrétaire offrait le café. « Bon, tu sais, je ne le dis pas à tout le monde, mais t'as vraiment le profil pour jouer avec nous, tu as une bonne image. Tout le monde me le dit. » Formidable ! Dans ces conditions, si je ne m'occupe de rien, je reste. Et on signait, on sentait le pouvoir du mec.

Jusqu'en 2000, en France, ce mode de fonctionnement était toujours le plus répandu. Pourtant, à partir de 1999, nous allions tous progressivement devenir professionnels de fait puisque les clubs se transformaient en sociétés commerciales.

Mais même si le « professionnalisme » était acté, il n'était pas organisé. Ce n'était pas faute d'avoir mis les pieds dans le plat. Déjà, Philippe Saint-André, Émile Ntamack, Laurent Bénézech et quelques autres de la génération qui précédait la mienne avaient la réputation de refuser des promesses, ils voulaient des bulletins de salaire réglo, et ça prenait de court toute une organisation qui était plutôt dans l'improvisation.

Même en équipe de France, ils rejetaient les compromis.

Ce n'est qu'après la Coupe du monde 2003 en Australie que les choses se sont accélérées pour les joueurs. De mon côté, j'ai pris conseil auprès d'un ami juriste. Une connaissance. Il n'était même pas question d'argent entre nous. Il relisait mes contrats, me disait quoi en penser.

L'autonomie et le jugement, ça s'apprend.

Vous comprenez ?

« Le rugby est plus qu'un sport, c'est un art de vivre. Je pense que l'argent est un moyen, pas une fin. Mais si, demain, le rugby dépendait trop de l'argent, ce serait le début de la fin. »

L'essentiel, c'était l'Article 3, alinéa F.

Le droit d'utiliser librement et sans rémunération supplémentaire pour le joueur, sous réserve de son droit moral, son image pour les besoins de la promotion et de la publicité inhérente au club X, dans les conditions suscitées...

Et à partir de là, la messe était dite, on ne savait plus ce qu'on pouvait ou ne pouvait pas faire ou dire. Limite on avait besoin d'un traducteur entre deux entraînements. « Bon, alors là, faut demander un nombre précis de choses pour les autoriser à prendre ta photo avec le maillot du club. »

Mais sans agent, je voyais bien que ça allait vite avoir une répercussion sur ma carrière sur le marché des transferts. Pas seulement en termes d'argent.

Alors, j'ai fait comme tout le monde. J'ai pris un agent pour ficeler mes contrats et j'ai eu la conviction de sa grande utilité, notamment pour trouver un dernier club intéressant où finir ma carrière, et pas en Pro D2. Parce qu'il arrive un âge où on ne présente plus toutes les garanties pour les dirigeants, hormis celle d'assurer un niveau de jeu constant. L'expérience permet de moins se mettre en danger physiquement. Tu fais moins de coups d'éclat, on te remarque moins, mais ça n'affecte pas forcément le rendement de l'équipe. Mais tu peux donner l'impression d'être en dessous de ton niveau, ce qui est faux. Et puis, je n'ai pas le pedigree d'un Lionel Nallet.

En fait, l'utilité de l'agent se pose aujourd'hui plutôt en début de carrière et en fin de carrière. Avec un curriculum vitae bien rempli et une carrière en cours, la vie est plus simple. Un spécialiste du droit peut t'expliquer ce que tu as besoin de savoir, le minimum vital, et basta. Mais quand tu es entre deux eaux, c'est pas un mec comme ça qui négocie, qui connaît le marché, sonde les recruteurs, s'informe sur les arrivées et les départs. C'est là que l'agent va être utile. C'est un trader. Surtout pour les jeunes. Aujourd'hui, pour un joueur de 20 ans, le pouvoir de l'agent s'est démultiplié. Il peut vraiment faire décoller sa carrière, mais aussi la planter s'il choisit par exemple une équipe qui paie bien mais où il ne jouera que rarement, plutôt qu'une équipe qui paie moins bien mais où il a l'assurance d'être dans les petits papiers de l'entraîneur.

Disons que l'agent est utile et nécessaire. Ça ne gomme pas le côté humain puisqu'en général, dans le rugby, les agents sont proches des joueurs et ne sont pas si nombreux, mais les négociations ne se font plus entre le joueur et le président. Si j'avais voulu discuter en personne avec mon président pour négocier ma fin de carrière, j'aurais pu appeler moi-même et le rencontrer. Mais, maintenant que les mecs me connaissent bien, savent où j'en suis, je pense que n'importe lequel d'entre eux me prendrait par les sentiments et profiterait de certaines informations, comme le fait que j'ai un genou qui grince, une clavicule en allumettes, que je ne vais pas courir aussi vite qu'il y a trois ans. Il me prendrait par l'épaule et me ferait valoir « notre bonne compréhension mutuelle ».

Et à tous les coups je me serais fait avoir.

Pour négocier mes dernières années en tant que professionnel, j'ai donc préféré que ce soit l'agent qui aille voir le président qui m'emploie actuellement alors que je le connais bien. J'ai considéré que c'était du business, point barre. Je ne lui ai même pas parlé. En tout cas pas avant que le contrat ne soit signé.

Aujourd'hui, les discussions sur le sujet occupent pas mal les joueurs.

Elles ne sont pas passionnantes mais elles ont l'avantage de faire régner entre nous une certaine transparence. Je ne dis pas que tous les joueurs donnent le montant exact de leur salaire, et j'imagine que la plupart font comme moi et ont tendance à minorer.

Se vanter de gagner plus que l'autre n'est pas encore entré dans les mœurs, mais, au moins, s'il y avait de très grosses différences, cela se saurait et serait utilisé d'une façon ou d'une autre. C'est une forme de petit chantage qui mène à la renégociation du contrat, à des arrangements avec les clubs ou à des primes supplémentaires... En théorie, le circuit classique, ce serait que l'entraîneur aille voir le président et lui fasse part de ses besoins : « Je veux un pilier comme ci, un centre comme ça. » Le président informe les recruteurs du club, qui eux-mêmes font passer le message aux agents, lesquels font des propositions aux recruteurs qui renvoient au président qui répondra invariablement : « Je vais voir ce que je peux faire. » Il arrive aussi que l'agent soit pote avec un entraîneur et qu'ils s'arrangent entre eux. Pour accélérer le mouvement des transferts. À chaque fois, l'agent perçoit un pourcentage sur ces transferts.

« Dans le sport professionnel actuel, il est deux certitudes : sans fric, on ne va nulle part, mais avec du fric, on ne va pas nécessairement quelque part. »

L'aspect financier est important, mais il n'en demeure pas moins que, pour certains, la qualité de vie, le projet de jeu d'une équipe peuvent encore être un facteur de décision.

L'âge compte aussi.

Un éventuel projet de reconversion professionnelle également. Bon, c'est le jeu du marché, quoi !

En gros, il y a un marché par poste. L'agent est rémunéré par le club, il touche un pourcentage sur le contrat du joueur, ce qui évidemment l'incite à négocier au mieux. Ce qui ne signifie pas que le joueur y gagne forcément.

Je m'explique : si un club riche, disons Toulon, propose un salaire plus élevé que celui d'un club comme Bordeaux-Bègles, l'agent va tout faire pour que son joueur aille à Toulon mais, rugbystiquement, celui-ci va peut-être y perdre, compte tenu de la concurrence. Il jouera moins et donc, s'il perd de sa « valeur rugby », il aura beau avoir signé pour une belle somme à Toulon, obligatoirement, ça se retournera contre lui à un moment donné.

Frédéric Michalak est un très bon joueur, mais il n'est pas assuré de jouer tous les matchs ni même d'être remplaçant.

Un autre paramètre à prendre en compte, c'est que les agents se livrent entre eux une guerre sans merci. Plus ils ont de joueurs, plus ils peuvent façonner indirectement les équipes et influencer les dirigeants, et vice-versa. Et comme ils ne sont pas nombreux... Leurs manœuvres sont délicates. C'est l'art de la guerre appliqué au rugby.

Une des raisons de cette guerre, c'est aussi qu'on peut changer d'agent à tout moment. Il est missionné, mais ne possède pas de contrat d'exclusivité avec nous. Et puis, il y a les sociétés de gestion d'image. Là, c'est certain, ça nous permet d'arrondir nos revenus hors salaire. Théoriquement, ça n'a aucun rapport avec la valeur sportive du joueur.

À Toulon, ils font beaucoup de coups très médiatiques. Je m'explique. Sportivement, ce n'est pas toujours très judicieux d'attirer des joueurs dans un but de stratégie de communication. Au début, ça ne faisait que du buzz. C'était un investissement à court terme, mais il a toutefois produit ses effets.

Parfois, je me dis que ce n'est pas plus mal que ça n'ait pas fonctionné avec tous les joueurs passés par la Rade. Par exemple, Sonny Bill Williams, la concurrence peut se réjouir qu'il ne soit pas resté plus longtemps parce que ça aurait été compliqué pour eux de jouer. Pour attirer des joueurs célèbres, le club les a intéressés via ce qu'ils toucheraient en droits à l'image, en plus du salaire. Malgré leur palmarès interminable, certains n'ont pas vraiment rendu au club ce qu'ils lui devaient, en étant plus que moyens sur le terrain. Sans doute parce que les revenus escomptés n'étaient pas aussi importants que prévu.

Et puis, Toulon balbutiait encore son rugby.

« Sans nous, le rugby n'est rien et il est temps que l'on réalise que l'époque du bel amateurisme est révolue à jamais. »

Avant Bernard Laporte, unique en son genre pour faire parler d'un club, du temps de Tana Umaga puis de Philippe Saint-André, on était dans une pure politique d'image. Des articles de presse avaient foutu un sacré bordel à l'époque. Pascal Forni, un proche de Bernard Laporte et de Philippe Saint-André, aurait été la tête de gondole d'une carabistouille qui consistait à minorer le salaire des joueurs pour qu'ils paient moins d'impôt en France. Certains clubs distribuaient ensuite une compensation au titre de droit à l'image à des sociétés basées dans des paradis fiscaux qui reversaient aux joueurs le manque à gagner. On ne peut empêcher les ententes dans ce milieu. Et comme il m'est difficile de vérifier les comptes en banque de mes coéquipiers, je me garderais bien de citer ceux qui ont pu être tentés de rentrer dans ces manigances.

Comme les joueurs n'étaient quand même pas des nuls, sportivement parlant, ça tenait à peu près la route malgré tout. Mais on était vraiment dans ce système-là, dans des magouilles de ce genre. Le droit à l'image est une notion floue. Théoriquement, c'est ce qu'on gagne quand on fait une pub en son nom propre, pas au nom d'un club ou d'une quelconque entité. Ça existe pour compenser des salaires apparemment « faibles », pour mettre du beurre dans les épinards.

Mais qu'est-ce qui est considéré comme un salaire ?

Qu'est-ce qui doit être inscrit dans le budget d'un club ?

Qu'est-ce qui n'en fait pas partie ?

Ce système avait son utilité quand Toulon se devait d'attirer des stars pour exister. En gagnant des titres, cette méthode aura peut-être moins lieu d'être. Il y aura des rentrées d'argent plus classiques, liées à la performance sportive du club. Mais on peut s'interroger sur la manière dont le Rugby Club Toulonnais arrive tout de même à régler l'addition avec un effectif pléthorique de vedettes du rugby international, et ce depuis des années. En tout cas, le système est légal, sans quoi on ne raterait pas Mourad Boudjellal. On suppose qu'il met à contribution des sociétés extérieures au club pour alléger « son » budget officiel qui, du coup, n'apparaît pas comme le plus gros de France. N'empêche, les étrangers du monde entier le surnomment « moneybox » (tirelire). Après, on peut en penser ce qu'on veut. Je crois que les comptes de Toulon sont surveillés de près par le fisc et que si la moindre irrégularité était constatée, ce serait l'hallali. En France, on n'aime pas les équipes toutes-puissantes.

Quand on sait ce que coûtent ces joueurs un par un ! Jacky Lorenzetti, qui participe aussi à la course à l'armement dans le Top 14, on sait d'où vient son argent. C'est le sien. Il l'a gagné avec ses sociétés. Après, on peut penser que Toulon est surveillé de près.

La masse salariale dans le rugby est plafonnée, il y a ce qu'on appelle le *salary cap*, et elle ne peut excéder 10 millions d'euros par club. On est nombreux à penser que Mourad Boudjellal a trouvé le moyen de détourner ce système instauré par la Ligue nationale professionnelle (LNR) en faisant jouer des contrats annexes à ceux du club... Et, à vrai dire, les joueurs s'en cognent. Tant qu'ils sont payés ! De toute façon, les autres présidents ne rêvent que de ça ! Faire sauter le *salary cap* pour s'associer à d'autres sociétés, par le droit à l'image, et non plus par des contrats de partenariat qui entrent dans les finances du club. Moi, ça ne me choque pas. Je me dis même que Mourad Boudjellal est peut-être plus malin que les autres.

Mais les idées de Boudjellal, dans sa manière de développer le rugby business, n'ont pas toutes été bonnes. Elles peuvent être contre-productives sur le terrain. Les jalousies entre joueurs, ça existe. La cohésion d'ensemble peut en souffrir. Selon moi, on court le risque d'une dérive similaire au football : on additionne des noms sur le terrain, on occupe le devant de la scène médiatique...

Pour un bon joueur, Clermont présente d'autres avantages, et à plus long terme. Mais ce risque est moindre maintenant que Toulon s'est forgé un palmarès impressionnant. Ce qui me fait dire que cette stratégie financière était faite pour attirer l'attention : des joueurs restaient six mois ou un an et repartaient...

On sait tous qu'on ne peut rien construire comme ça, mais c'était un projet à court terme.

Maintenant, les Toulonnais sont rentrés dans un cercle vertueux. C'est-à-dire que grâce à leurs victoires, ils n'ont plus besoin d'agiter leur chéquier comme au début quand ils existaient à peine sportivement. Aujourd'hui, Toulon donne envie aux joueurs, le club attire les meilleurs et le cadre de vie y est très agréable. Sans doute que la présence et le sérieux de Jonny Wilkinson ont changé la donne. Il a crédibilisé le club, d'une certaine façon.

Il voulait gagner la Coupe d'Europe qui manquait à son palmarès, c'est fait. Toulon attire maintenant même des internationaux français avec des salaires « normaux ». Le club peut séduire de nouveaux joueurs au-delà de l'appât du gain. Le revers de la médaille à Toulon, encore une fois, c'est que quand tu débarques au milieu de joueurs du calibre de Matt Giteau ou d'autres, tu risques évidemment de faire banquette.

Mais, en tout cas, le club est devenu attrayant pour d'autres raisons que l'argent.

Clermont et Toulouse sont des institutions, ils ont une vision des effectifs plus liée au projet sportif. Mais à Toulon, tout peut aller plus vite pour un joueur, dans un sens comme dans l'autre. Il peut exploser aux yeux de tous ou sombrer dans un anonymat relatif. À cause de l'âge des recrues et parce que le club joue sur tous les tableaux, il est nécessaire de renouveler régulièrement l'effectif.

C'est bon pour les agents. Les avants toulonnais vont tous pratiquement arrêter en même temps, en 2015-2016. Ils ont certes des internationaux. Mais patienter un temps avec un peu d'argent avant de remplacer les vieux, ça peut être intéressant pour de jeunes joueurs en devenir. Surtout quand ça n'empêche pas un Xavier Chiocci, par exemple, d'être en équipe de France. Bon, d'accord, Philippe Saint-André a quelques amis à Toulon, ça aide.

Quand le Racing Métro recrute Dan Carter, c'est aussi de l'image, mais il reste le meilleur joueur du monde à son poste.

En termes de retombées économiques (ventes directes de produits dérivés notamment), d'attrait pour des partenaires et des sponsors, c'est un investissement plus qu'une dépense. Et, à terme, ça va énormément rapporter au Racing. Quand Carter était à Perpignan, il s'est blessé, mais il est resté là. Il a participé en coulisse au boulot de l'équipe et l'USAP a remporté le Championnat de France. Il a répondu à l'attente placée en lui. Ce n'est pas comme dans le football, où un mec rentrerait chez lui se soigner tranquillement.

Regardez Zlatan Ibrahimovic : il est rentré chez lui en Suède se soigner et n'était pas forcément présent lors des grands rendez-vous du PSG. Non, Carter, lui, était là avec ses béquilles, dans le vestiaire avec les entraîneurs, et il parlait aux joueurs. Ce genre d'expérience qu'ont ces joueurs exceptionnels, ces leaders naturels – c'était le cas de Jonny Wilkinson à Toulon –, apporte aussi une véritable cohésion sur le terrain.

Et c'est là qu'il y a un retour sur investissement.

Pendant qu'il était à Toulon, Jonny s'est aussi occupé de sa marque de fringues pour rentabiliser sa présence différemment. Et puisqu'on ne prête qu'aux riches, beaucoup d'entreprises faisaient des offres impossibles à refuser pour avoir Jonny à la table de certains patrons d'entreprise. Et ça parlait business.

Vous me direz, les loges d'affaires, elles ont été inventées par les Anglais. Pourquoi les clubs français n'en profiteraient pas, tout comme la Fédération ? Ce genre de joueurs, des stars en puissance, font investir des fortunes. C'est ce flux d'argent, qui n'a rien à voir avec la performance sportive, qui a pris de l'importance. Carter, même s'il joue sur une jambe, il te sortira toujours le match qu'il faut pour passer un cap. Et il est payé tellement cher qu'il faut rentabiliser.

C'est aussi simple que ça, un véritable jeu d'enfant. Ça prendra le temps qu'il lui faudra pour s'adapter, mais le jour venu, il fera LE match qui remboursera largement la somme d'argent que le club a déboursée pour se l'offrir. Même le risque de l'âge et des pépins physiques est pris en compte. Après, c'est toujours le même problème : si tu es un jeune ouvreur au Racing Métro et que Dan Carter débarque, c'est sûr, tu sais que ne joueras plus jamais. Faut pas se mettre le doigt dans l'œil.

La pilule douce, dans le rugby de haut niveau, c'est Toulouse.

Il y existe une grille des salaires interne : ça paraît dingue, mais on me l'a expliquée. Le joueur le mieux payé du club ne touche pas plus de 5000 euros de plus que le moins bien payé. Quand Toulouse dominait tout, les joueurs acceptaient d'être payés 15-20% de moins que dans des clubs rivaux, simplement pour en être.

Enfin, d'autres ont refusé tout de même.

Mais tout ça est transparent, et il n'y a donc pas de jalousies. Ça produit son effet sur le groupe. Ça élimine les parasites.

Une barrière étanche aurait été établie entre le secteur sportif et l'administratif du club. Et puis, Shaun Sowerby me l'a dit, le club se sent plus fort que les joueurs. Donc, dès que tu hésites, que tu veuilles aller à Toulouse ou en sortir, ils te laissent faire. Dans ce club, on n'a jamais retenu aucun joueur. Ni Jean-Pierre Rives ni même Thomas Castaignède qui avait, à son époque, voulu faire réévaluer son salaire. Thomas est parti à Castres. D'autres ont suivi, pour différentes raisons. Les dirigeants ont toujours pensé que personne n'était indispensable au club, mais plutôt que le club était indispensable aux joueurs.

« Perdu pour perdu, il vaut mieux gagner. »

Parmi les internationaux étrangers que j'ai côtoyés dans leur pays et que je côtoie encore dans le Championnat, je n'en ai pas encore rencontré un seul venu en France pour glander. Et ce, quel que soit leur salaire. Pour le coup, ça n'a rien à voir avec l'argent. À ce niveau, ils ne trichent pas. Après 30 ans, tu peux toujours être performant. Sur la durée. Tu n'as plus besoin de briller pour briller, tu te ménages, mais tu restes efficace. En contrepartie, ces étrangers sont très surveillés parce qu'ils ont un standing à tenir. C'est d'ailleurs une des raisons pour lesquelles on les recrute. Et eux n'aiment pas qu'on salisse leur réputation. La plupart de ceux que je connais sont dans cet excellent état d'esprit. Des mecs comme Mike James, Shaun Sowerby, moins connus à leur époque que des Giteau ou des Carter, c'était tout bonus pour une équipe. Mais, en dépit des salaires d'aujourd'hui, psychologiquement, ils ne peuvent pas se permettre de ne pas jouer. Une fois le contrat signé, ils jouent au rugby. Vraiment. Ils viennent pour ça avant tout. Et sur le terrain, ce n'est pas l'argent qu'ils gagnent qui leur donne des devoirs. Je crois que la raison de leur investissement personnel se trouve dans l'acte sportif même, dans le désir de jouer. Jonny Wilkinson ne faisait pas semblant de jouer à Toulon. Il a vraiment éprouvé du plaisir. Il y a un truc qui ne trompe pas chez ces gens-là, les champions de très haut niveau, c'est le temps qu'ils passent à signer des autographes. Moi, quand j'en ai marre, j'en ai marre, point barre. Même si je pense, comme Jonny Wilkinson, qu'on n'a pas le droit de refuser de signer un bout de papier à un enfant qui t'attend dehors pendant des plombes. Pourtant, après un match usant, c'est très pénible, t'as envie de faire demi-tour. Un jour, j'ai vu Byron Kelleher seul au milieu du stade, bien après le match, continuer encore et encore à signer des autographes alors qu'il était en tenue et que mon équipe venait de battre la sienne. Eh bien, cette proximité-là avec le spectateur, c'est une des choses qui nous distinguent encore beaucoup des footballeurs, tout comme le montant des salaires.

Je vous promets, quoi qu'on en dise, le rugby a su garder pour l'instant une certaine mesure dans les salaires, si l'on ne regarde pas que les vedettes du Championnat. Nous restons encore dans la vie réelle.

Oui, nous gagnons très bien notre vie, mais nous n'avons pas la folie des grandeurs. On ne claque pas notre argent n'importe comment. De là à dire qu'on a les pinces...

Le joueur de rugby ne vit pas différemment qu'un cadre sup un peu haut de gamme.
90% des joueurs que je connais roulent dans des voitures françaises de bonne qualité, rien à foutre des bagnoles de sport ou de luxe. D'abord, ils s'achètent une maison, ils veulent un toit sur leur tête, assurer leurs arrières. Après, ils mettent un peu d'argent de côté ou achètent des appartements défiscalisés.

Mais bon, si certains se lancent dans le business grâce à leur carrière internationale, on ne les retrouve pas encore à glander à Ibiza. Aujourd'hui, la plupart du temps, certains internationaux profitent d'un match pour rencontrer dans les hôtels du XV de France les gens avec lesquels ils feront leur pognon de demain.

C'est le cas d'Imanol Harinordoquy, mais enfin... On m'a dit : « Oui, mais les mecs de l'équipe de France en profitent pour faire leur business. » On voit Harinordoquy régler son business dans le hall d'un hôtel de Richmond la veille d'un match à Twickenham... Et alors ? J'imagine que les gens avec qui il est associé sont venus prendre leur billet à l'hôtel et qu'ils discutent un peu de leurs intérêts communs, tout naturellement. Où est le problème ? C'est une simple entrevue. Et puis, je pense qu'à son âge (Imanol a passé la trentaine), il est capable de faire la part des choses.

Les joueurs auront une vie après leur carrière. Je pense donc que c'est une bonne chose qu'ils se fassent à l'idée que le rugby n'est pas tout. Ça leur permet et leur permettra de faire valoir d'autres qualités. Je dirais même que c'est exactement ce qui nous différencie du footballeur ou du basketteur américain : nous devons gérer notre argent.

On ne flambe pas.

On garde un pied dans la réalité.

Cela prouve que nous ne sommes pas déconnectés du monde qui nous entoure. Évidemment, il me semble que les stars du foot n'ont pas besoin de ça avec leurs salaires, ils touchent de trois à dix fois plus que nous. Et puis, franchement, cette faculté qu'ont les joueurs de rugby de penser et d'agir en se projetant dans l'avenir, en assurant leurs arrières, prouve que ce ne sont pas des abrutis. Chacun prépare son truc dans son coin, dans des domaines différents, et on se retrouve pour jouer au rugby. Et j'irais plus loin, je vais vous dire, c'est ce qui plaît aux gens qui sont dans les tribunes. Finalement, un joueur de rugby a des préoccupations assez basiques. Le rugby est un sport dur, médiatisé, mais ses acteurs continuent d'avoir une vie sociale au milieu de personnes dont les inquiétudes dépassent la victoire ou la défaite d'un club. C'est ce que j'appelle « la réalité de tous les jours ».

Le rugbyman professionnel ne peut pas encore s'endormir sur son tas d'or. Au quotidien, moi, je vais au supermarché. Certains n'ont pas de femme de ménage, encore moins de Ferrari. Quand il y en a un qui s'achète une grosse bagnole, ça reste exceptionnel. Ou alors il a un contrat personnel avec la marque, ça commence à se faire. Dans le football, bien souvent, le premier salaire passe dans une caisse à 50 000 euros. On y viendra peut-être, cela dit, je ne suis pas naïf, mais ce n'est pas encore le cas. Je me souviens d'un mec qui était arrivé en Porsche sur le parking du club. Il est reparti avec du diesel dans le réservoir. Ça calme. On n'a plus jamais revu la Porsche.

Mais ce n'est pas tout. Je suis persuadé que le jeu cultive l'humilité. Pas le bling-bling. Un frimeur n'aurait pas grand-chose à attendre de ses coéquipiers sur un terrain. François Trinh-Duc, par exemple, pourrait donner cette impression-là. Pas le fait d'être dans le bling-bling, mais d'être dans une sorte de monde à part.

Enfin, jouer au rugby n'empêche pas de faire des études en parallèle, bien que ce soit de plus en plus dur. À Marcoussis, après 18 ans, les stagiaires peuvent suivre un cursus universitaire aménagé. Si on veut, on peut. C'est faisable. Mais ils ne sortent du circuit scolaire qu'après le bac. Peu importe qu'il soit technique, professionnel ou général. Toutefois, je ne suis pas sûr que les jeunes joueurs y tiennent absolument. La tentation de facilité, vivre du rugby, est grande. En déplacement, je vois de moins en moins de mecs lire.

C'est plutôt tablettes et musique.

Alors oui, on peut affirmer que durant ces dix dernières années, les mentalités ont changé. Mais le gap générationnel et culturel est moins grand aujourd'hui entre moi et un joueur de 20 ans qu'à l'époque entre moi et un vieux qui n'avait joué qu'en amateur. Je veux dire que ma génération s'est mise à la page rapidement : la technologie, les réseaux sociaux et les jeux vidéo, par exemple. Pour le reste, l'entourage immédiat du joueur a beaucoup d'influence, notamment sa famille et son agent. Les jeunes pensent sans doute plus à l'oseille que nous, à notre époque. Et c'est assez naturel puisqu'on en parle tout le temps, partout. Quand j'ai débuté, je gagnais 7500 francs par mois, eux c'est entre

15 et 25 000 euros. Ils sont la première génération de rugby à posséder un patrimoine conséquent. Ils peuvent donc très tôt gérer leur après-carrière. Ça n'en fera pas des rentiers pour autant. Mais ça n'en fera pas non plus des futurs chômeurs, du moins je l'espère.

Ce qui est sûr, c'est que 50% des garçons avec qui j'ai joué devront trouver du boulot après avoir raccroché les crampons.

COME THE DAY
AND COME THE HOUR
COME THE POWER
AND THE GLORY
WE HAVE COME TO ANSWER
OUR COUNTRY'S CALL
FROM THE FOUR PROUD
PROVINCES OF IRELAND

« Le rugby, c'est un mélange d'opéra, de ballet et de meurtre. »

J'aime jouer au rugby.

Je comprends l'évolution de mon sport, du jeu et de son environnement. Nous sommes passés d'un jeu de grands enfants à un jeu d'adultes un peu fliqués. D'une passion, nous avons fait un métier, et les deux ont parfois du mal à cohabiter. Mais les hommes restent des hommes et, comme dans toute société, camaraderie et intérêts particuliers doivent s'accorder.

En club, c'est assez simple. Tu ne peux pas entuber ton entraîneur parce qu'il te voit à l'œuvre tous les jours. Quant à tes partenaires, tu ne peux pas tricher avec eux non plus, tu les côtoies tous les jours. Il y a toujours un kiné qui te suit, un préparateur physique ; les coachs tournent autour de toi sans cesse comme des mouches. Tu peux prétexter une fois ou deux une douleur, mais ça ne peut pas durer. C'est une prise en charge permanente. Personnellement, je ne fais jamais semblant de travailler. D'autres en rajoutent. Les attitudes sont révélatrices.

Les apparences extérieures dans le rugby me font rire. Les appréciations peuvent être aux antipodes de ta personnalité dès que tu n'es plus au boulot, dans le vif d'un match ou à l'entraînement. Et tu ne vois pas venir les jugements.

Plusieurs fois, de jeunes recrues arrivant au club où j'évoluais m'ont dit, un peu candides : « Mais en fait, c'est étonnant, je ne te voyais pas comme ça, on m'avait dit que t'étais un vrai connard. » Sans chercher exactement d'où cela pouvait venir, je m'en étonnais quand même, je ne suis pas du genre bégueule. Chambreur, oui.

Était-ce un partenaire en équipe de France ? Une rumeur dans les travées d'un ancien club ? Mieux, il m'est arrivé de me faire insulter depuis le bord du terrain par des supporters.

« En rugby, il y a ceux qui jouent du piano et ceux qui les déménagent. »

Je me souviens d'un jour, à La Rochelle. Je m'échauffais. Il y avait des types le long du terrain qui me traitaient de fainéant. « Regarde-le, celui-là, il se prend pour qui ? » Dans ces cas-là, j'ai tendance à être méprisant. C'est d'ailleurs ce qu'ils veulent et ce qu'ils attendent. À cette époque, quelques équipiers et moi avions participé à une publicité. Alors, ces gens t'ont vu dans des pubs, dans des magazines, à la télé, ils se font une idée de toi. Pour moi, il était hors de question de prêter attention à ces imbéciles. Pourquoi ? Parce que je ne tends pas l'autre joue. Tout aussi vrai que je ne fais pas partie du clan des besogneux, je ne fais pas partie de celui des starlettes. Quel que soit ton degré de notoriété, ce n'est pas à l'échauffement que tu vas te crever la paillasse pour démontrer à trois péquins, même s'ils ont payé leur place, que t'es un mec sérieux et bosseur. Je ne suis pas le seul à qui on a reproché de ne pas montrer son investissement. Mais je ne sais pas faire semblant de bosser et, quoi qu'on en dise, ceux avec qui je travaille tous les jours savent pertinemment que je me permets ce genre d'attitude parce que je sais que je suis tout sauf fainéant, dès qu'il s'agit de jouer au rugby en tout cas. Comme Christophe Dominici : on lui reprochait son allure, son aspect peu athlétique, de fumer, etc. Personne ne voit tout le boulot que l'on fournit hors caméras.

En réalité, il nous arrive d'habiter un personnage. Les apparences sont aussi des remparts contre les journalistes, les adversaires, le public. J'ai lu à plusieurs reprises que je ne faisais pas partie des mecs qui jouaient « à la vie, à la mort ». Mais qu'est-ce que ça veut dire ? Que je ne dis pas amen à tout ?

Et si je vous dis qu'avant je chialais avant chaque compétition, quand on perdait ? Je déteste perdre, que ce soit à la belote ou aux fléchettes. C'est un signe de non-investissement ? Je me mettais la pression tout seul, je n'avais besoin de personne. J'aime m'entraîner. Pourquoi je donne cette impression d'enfant gâté alors que je me suis sans doute entraîné bien plus que d'autres ?

Pour autant, je ne suis pas Jonny Wilkinson, je l'admets. Je ne suis pas aussi obsessionnel et parano que lui. Je mets de la distance avec les événements. C'est sûrement ce qui m'a permis de me remettre de coups durs, de mes blessures, de mes échecs. Cette distance doit transparaître. Et quand bien même ? Le cliché du rugbyman sympathique guerrier renfrogné, le poil hirsute, a la vie dure. D'où le succès de Chabal, je pense. Il a été pris comme une caricature. Il fallait un archétype pour la pub et la télévision.

Je pense aussi que le fait de jouer pour une grosse écurie n'aide pas. Les gens pensent qu'on a le melon, qu'on les prend de haut dès qu'on déboule à Brive,

La Rochelle, Oyonnax ou Bayonne. C'est faux. Les mecs du Racing, à la grande époque, ou du Stade Français, du temps de Guazzini, ont tous vécu ça. Les provinciaux n'appréciaient pas le côté provocateur, s'imaginaient que nous nous pensions plus malins que les autres, nous traitaient de pédés, de joueurs du dimanche. Il est vrai que, sans doute, des joueurs comme moi ont voulu se débarrasser de cette image vieillotte du rugbyman lourdingue attaché à son clocher comme une vieille bique à son piquet.

L'ouverture aux médias et aux annonceurs nous a aidés à changer de costume. C'est le calendrier du Stade Français, les fringues Eden Park, toutes ces opérations qui ont vraiment contribué à renvoyer une image contraire à celle du rugbyman du village.

Il est vrai qu'il nous arrive de faire de la représentation pour le club, pour le XV de France, et que nous sommes parfois aussi tenus de mettre certaines fringues parce que nous sommes en contrat avec une marque. On va boire un verre parmi les notables du coin, ou à Paris dans un hôtel, un bar ou un pince-fesses organisé par Nike et, là, il faut parler aux gens qui sont venus voir ta tronche, qui ne connaissent rien au rugby. Il faut faire comme si tu étais content d'être là.

Très souvent, ce genre d'exercice est fastidieux et très inintéressant. C'est évident que, dans ces moments-là, on ne donne pas vraiment l'image d'une bande de collégiens déconnants. Il faut contrôler son image, il y a des caméras, on est pris en photo, etc. On a aussi appris ça ces dernières années. On ne peut plus être invité quelque part, foutre le restaurant à sac et repartir en rigolant pour faire plaisir aux supporters traditionnels. Cette époque est révolue.

Au sein du club dans lequel je joue en ce moment, on me dit encore d'arrêter de faire le mariole durant les séances de travail. Ça me fait bien marrer. Le rugby n'est qu'un jeu et il y a des moments chiants dans le monde professionnel. Ne croyez pas qu'on s'amuse tous les jours. Il faut bien trouver le moyen de les rendre plus agréables. Alors, je fais le con. Il faut une soupape de décompression. Et je ne suis pas le seul dans ce cas-là.

Mes meilleurs amis parmi mes partenaires sont comme moi. Le grand paradoxe aujourd'hui, c'est que vous pouvez passer une semaine d'entraînement en ne touchant le ballon que deux fois, si ce n'est moins. Vous n'allez jouer que deux fois à proprement parler. Et le reste du temps ?

« Le rugby c'est le seul sport où l'on se rencontre, alors qu'ailleurs on se croise. »

On se rencontre.

Voilà c'est ça, le reste du temps, vous avez l'impression d'être dans une clinique du sport. S'entraîner sans toucher la balle, c'est ce qu'il y a de plus frustrant pour un joueur d'aujourd'hui. Alors si on doit en plus nous empêcher de rigoler... Je ne sais pas si vous vous imaginez bien ce que ça représente, deux séances quotidiennes d'entraînement, dont la plus grande partie est consacrée à la récupération, aux soins, à la musculation, à courir, à répéter des exercices d'athlétisme, de la physio, des séances vidéo, etc. Normalement, on est là pour jouer à un jeu de balle. Tous les jours, on retrouve l'équipe et on n'a pas des choses extraordinaires à se raconter à chaque fois. Donc, quand je dis qu'il vaut mieux en rire, c'est qu'il vaut vraiment mieux en rire, se moquer de notre situation. L'autodérision est fondamentale. Les apparences sont trompeuses. Les joueurs avec qui je m'entends bien et moi, on ne sait pas faire semblant de bosser. Ce n'est pas parce que nous chambrons un préparateur physique quand ses exercices nous emmerdent que nous ne les faisons pas sérieusement. Alors oui, les Anglo-Saxons sont plus habitués à obéir sans ciller. Ils font tout ce qu'on leur dit de faire, la représentation, la musculation, les régimes. Ils font ça avec une plus grande décontraction et avec un plus grand zèle, en apparence. Peut-être, oui. Le Français râle, se plaint et se moque. C'est bien connu. Dans le genre, Aurélien Rougerie est pas mal, par exemple. Il renâcle sans cesse. Difficile de lui demander de faire quelque chose sans qu'il fasse une remarque. On fait avec... Et, surtout, on en rigole ! Frédéric Michalak, entre autres, est un type qui a dû composer avec son physique, avec les blessures. C'est un garçon qui sait d'où il vient, qui a vécu quelques périodes difficiles dans sa vie et qui conserve une modestie et un humour sur le monde du rugby qui me plaisent. En voilà un que l'exposition médiatique n'a jamais détourné de ce qu'il est au fond de lui-même. Il est talentueux, bosseur, drôle. Il n'aime pas qu'on l'emmerde, mais ça ne signifie pas qu'il te dédaigne. Il fait attention à lui. Nuance. J'aime beaucoup ce mec. Et j'adore son état d'esprit sur le terrain. Il sait ce qu'il vaut et il sait faire jouer les autres. À eux de s'en apercevoir et d'en profiter. Et comme on ne jouait pas dans le même club, j'étais toujours content de le retrouver en équipe de France.

RINGA PAKIA
UMA TIRAHA
TURI WHATIA
HOPE WHAI AKE
WAEUWAE TAKAHIA KIA KINO
KA MATE ! KA MATE !
KA ORA ! KA ORA !
TENEI TE TANGATA
PUHURUHURU
NANA NEI I TIKI
MAI,WHAKAWHITI TE RA
A HUPANE ! A KAUPANE !
A HUPANE ! A KAUPANE !
WHITI TE RA ! HI !

« Ce n'est pas parce qu'il est violent que j'aime le rugby. C'est parce qu'il est intelligent. »

75% de l'activité d'un rugbyman professionnel sont aujourd'hui basés sur le travail physique.

C'est comme ça, on ne peut rien y faire. Et les très jeunes rugbymen subissent très tôt une pression encore plus grande qu'à mon époque. Ils s'entraînent trois à quatre fois par semaine. C'était mon rythme de croisière vers 15 ans, alors que les jeunes joueurs dont je parle sont beaucoup moins âgés. Quand on est trop fort physiquement à un âge très précoce, on oublie de travailler des gestes techniques, d'être dans le collectif. Là, il faut un juste équilibre. Je vous donne un exemple. Yann David, auquel je prête d'énormes qualités et contre qui j'ai joué, est un balèze. Mais quand il trouve son alter ego face à lui, il a du mal à trouver une solution, à part lui rentrer dans le lard. Sans aucun doute, c'est un problème d'entraînement, de formation. Nous n'avons pas, lui et moi, le même parcours. Je ne joue pas à son poste. Mais, avec mon expérience, je me suis rendu compte qu'à son âge, il serait quasiment impossible, et surtout vain, de vouloir lui expliquer que rien ne l'obligeait à écraser trois mecs sur son passage et de traverser le terrain. S'il sent qu'il en a la possibilité, il le fera. Il y a peut-être mieux à faire, mais pour lui ça n'a absolument rien de naturel. Dommage. Seulement voilà, la force physique à un âge trop précoce donne une confiance en soi parfois contre-productive. Ça peut devenir un problème pour l'équipe. Ces joueurs-là, ils stagnent. Et, plus tard, ils seront dépassés par les événements. Ils auront du mal à faire partie d'un tout, d'un ensemble.

À l'inverse, des joueurs comme Frédéric Michalak ont cultivé d'autres qualités. Il a dû travailler pour atteindre le niveau physique des autres. Mais il n'a jamais rien perdu de ses capacités à feinter et à jouer avec les bras. Il est très adroit, très félin. Avec le temps, il a conservé son bagage technique tout en devenant plus fort physiquement.

On ne travaille pas le physique pour des prunes. Il faut aussi savoir résister à ce que proposent les autres équipes, comme les Anglais ou les Sud-Africains.

Le jeu s'est fait également plus violent. Il m'est arrivé d'être victime de plaquages cathédrales, à retardement, de prendre en pleine gueule des mains qui ne cherchaient pas à gratter le ballon.

Mais quel que soit le sentiment qui nous habite à ce moment-là, il est désormais impossible de répondre par un geste de colère.

La règle est devenue trop stricte. Elle est censée nous protéger. Mais il y a des joueurs sanguins, qui ont des gestes réflexes. Quand les fautes se répètent, elles conduisent irrémédiablement à une sanction. Ces fautes, considérées comme une menace pour l'intégrité physique de l'adversaire, sont aujourd'hui très surveillées. Tu ne vas plus pouvoir filer plusieurs coups de genou à l'ombre d'un regroupement sans te faire choper par un arbitre ou une caméra. Ça n'a donc plus aucun intérêt. Même si c'était parfois très cool.

« Au rugby, il vaut mieux être hors-jeu que hors du jeu. »

Alors, un glissement s'est produit. Le rugby est un sport de contact, mais il est dorénavant privé de l'affrontement physique gratuit. Les règles se sont durcies concernant la violence et, je ne sais pas si c'est une conséquence ou simplement une évolution, on a intégré la violence au geste technique.

Le jeu dur reste autorisé à condition que cela reste du jeu. Dans ce registre, des joueurs courageux, des combattants sont apparus. Depuis Jonah Lomu, on a appris à bien repérer ces gars-là et à savoir les prendre. En 1999, contre les All Blacks, les Français n'ont rien fait d'autre que d'essayer de couper les munitions pour Jonah Lomu parce qu'ils savaient qu'ils ne pourraient pas l'arrêter, même à trois, même à quinze. Je pense que ça a été un déclic. Notamment quand Bernard Laporte a pris l'équipe de France.

Il a fallu prendre du muscle et faire de la défense une priorité. Dans les stratégies de jeu d'aujourd'hui, on connaît les mecs de l'équipe adverse auxquels il ne vaut mieux pas se frotter. Bakkies Botha, Rodrigo Capó Ortega ou, plus jeunes, Yoann Maestri, Thierry Dusautoir, Mathieu Bastareaud... Ils font mal, très mal... Ça tape très fort. On le sait. Leur violence est contenue dans le geste technique lui-même et, dans ces cas-là il n'y a rien à faire, t'encaisses et puis c'est tout. Tu sais à l'avance que tu vas souffrir. À cause des impacts, mais aussi d'un point de vue cardio-vasculaire. Les accélérations du jeu sont supérieures à ce qu'elles étaient il y a 15 ans, et il est clair que la vitesse et les chocs augmentent le stress des joueurs.

« Ce qu'il y a de drôle dans le rugby, c'est de se salir. »

De toute façon, au rugby, on a peur. Il y a la peur physique, les chocs de plus en plus rudes, mais aussi la peur de perdre, de mal faire et d'être écarté. Ça ne ressemble pas à la peur de mourir, encore heureux ! Mais la peur est en tout cas nécessaire. C'est elle qui te conditionne vers la concentration, vers une implication totale, physique et mentale à la fois.

Il n'y a pas de grand match si les deux équipes n'ont pas peur l'une de l'autre. En réalité, la peur ôte la sensation de facilité, le sentiment de supériorité. Elle se dresse devant toi comme un obstacle invisible qu'il va falloir sauter sans trop y penser. Elle met tous tes sens en éveil. La peur peut donc aussi paralyser. Et là, c'est terrible. Échapper un ballon, commettre un en-avant, ça peut te déstabiliser dans l'instant. Le plus costaud de l'équipe peut se sentir tout petit. Se forger un physique est un moyen de lutter contre ça. Et aucun joueur ne peut y échapper. Entrer sur un terrain sans un minimum d'assurance... ce n'est même pas la peine d'essayer.

Cela explique en partie pourquoi les équipes qui gagnent la Coupe du monde ne sont pas les plus inventives. À part les All Blacks. Mais mêmes eux peuvent être dépassés par la priorité d'aujourd'hui : la stratégie et le physique.

On l'a vu à plusieurs reprises durant cette compétition, et de manière criante contre nous à Cardiff en 2007. Ils ont même failli perdre, encore contre nous, en finale en 2011 à cause de ça. Même en 1999, l'implication physique faisait partie de leur stratégie. Les Français ont détruit Josh Kronfeld, qui n'est pas une demi-portion, et ça les a déstabilisés. En fin de compte, ils ont été éliminés. Cette tendance ne va pas aller en s'arrangeant.

Nous, ma génération, avant de découvrir le rugby professionnel, nous ne travaillions pas vraiment le physique. On courait avec un ballon, on se démerdait. Ça a créé indubitablement des lacunes, peut-être, mais nous étions dans une tout autre disposition d'esprit. Je suis persuadé, avec mon bagage, qu'on peut encore trouver un juste milieu entre l'impératif physique et l'intelligence du jeu. C'est le contact qui m'a plu et me plaît toujours dans le rugby, c'est sûr. Mais aussi, et surtout, trouver la solution pour l'éviter et avancer.

On ne joue pas tout seul. On doit trouver sa place et sa propre voie au milieu d'autres joueurs disposant de qualités différentes. Et, pour arriver à se coordonner, il faut se servir de son cerveau. L'intelligence, la « lecture du jeu », ça se travaille aussi.

Aujourd'hui, si des jeunes joueurs très « cons » (dans le sens où ils auraient tendance à rentrer dans le tas plutôt qu'à regarder ce qui se passe autour) réussissent très bien, et il y en a un paquet, c'est parce qu'ils sont entourés d'autres joueurs « intelligents » (ça ne veut pas dire que ce sont des intellos). Ceux-ci les mettent dans les meilleures conditions pour optimiser leur puissance physique. En gros, ils réfléchissent pour eux. Au rugby, il faut du « bulbe », comme on dit. Giteau et Bastareaud, à Toulon, ça fonctionne. Leurs deux registres sont complémentaires. Faut réfléchir. J'ai découvert ça en observant des jeunes en sélections régionales.

Les joueurs d'Ile-de-France, des cités de banlieue, n'ont pas vécu dans une culture rugby. Du coup, ils possèdent encore ce que nous avions, c'est-à-dire qu'ils jouent davantage « à l'instinct ». Ils n'ont pas subi trop tôt le lavage de cerveau sur la puissance, le physique, le formatage, tout ça. Ça ne les empêche pas d'être costauds, certes, mais ils arrivent encore à créer des situations originales, des gestes inédits. Les jeunes joueurs de Massy ou Bobigny, par exemple, ont ces qualités, et les centres de formation en profitent à fond. Un type comme Yacouba Camara, passé par Marcoussis, est un troisième-ligne très équilibré. Mais aujourd'hui, il n'y a plus de formation régionale. Il s'est produit comme partout une mondialisation. On peut désormais s'accaparer toutes les cultures.

« Quand le rugby a changé, le rugby basque a dû changer aussi, pour parvenir au sommet, le Pays basque, dignement, a choisi son représentant. »

Le rugby à XV s'est inspiré du XIII, du VII, et je ne vois plus de différence entre le rugby basque et le rugby breton.

Les régions n'ont plus lieu d'être. Elles ne sont plus porteuses d'aucune identité puisqu'on raisonne de façon globale. Il s'est produit ce qui se passe dans la gastronomie, un mélange des saveurs. C'est un peu comme la World Music, tu ne sais plus à quoi ressemble le produit original. Le partage de connaissances d'un hémisphère à l'autre est aujourd'hui total et très rapide.

Tout se copie, tout le monde prend des ingrédients de jeu à la carte chez les uns et chez les autres. Les All Blacks sont encore une exception parce qu'ils sont toujours en recherche. Ils ont toujours un temps d'avance. Mais pour combien de temps ? Pour les autres nations, il y a des dominantes, mais rien ne les singularise plus vraiment. L'Afrique du Sud insiste sur le défi physique. L'Angleterre sur l'occupation du terrain. Et encore... c'est en train de changer.

En fait, il y a un certain nombre de points communs incontournables dans le rugby d'aujourd'hui. En conséquence, toutes les nations ont tendance à gommer leurs défauts en empruntant des techniques à d'autres. Les avants de Bayonne, la cavalerie toulousaine, tout ça c'est fini.

C'est une époque révolue.

Les styles des équipes n'existent plus en tant que tels. On a tous plus ou moins la même base de travail maintenant. Les joueurs font davantage la différence individuellement et physiquement. Il n'y a que lors des tournées qu'on peut encore voir des différences. On y assiste encore à des matchs débridés avec des scores improbables parce qu'on y tente plein de trucs. C'est fait pour ça, c'est imparfait. Mais, quand arrive la Coupe du monde, on se range sur un système de jeu réglé. Il faut un gros paquet d'avants, un bon ouvreur... et voilà. Ça suffit. L'Irlande, qui a de bons résultats, mise tout là-dessus. Mais si tu leur enlèves Jonathan Sexton, c'est plus compliqué pour les Irlandais. C'est la tendance depuis 2003 et le titre de l'Angleterre. En Championnat, il n'y a plus de très gros écarts de niveau parce que les quatorze équipes ont toutes une bonne conquête et une bonne défense.

**« Allez les gars, on débute le match à fond !
Et quand t'en peux plus... accélère ! »**

En plus du physique, on travaille aussi le foncier, l'endurance, parce qu'il faut jouer jusqu'à la dernière minute du match. Et ces nouvelles conditions de jeu provoquent inévitablement des blessures. J'ai été blessé plusieurs fois dans ma carrière.

Quand la blessure survient, on sait que ça fait partie des risques du métier. Je ne suis pas résigné, mais on ne peut y échapper. En revanche, on met pas mal de temps à abandonner l'idée qu'on ne va plus jouer. Même avec un genou en vrac, j'ai toujours eu envie de jouer. Ça ne me quitte pas. Si ça te détruit, c'est qu'il ne faut pas faire du haut niveau.

Bien sûr, personne ne réagit de la même façon, surtout quand les blessures se succèdent. Entre Thomas Domingo et Raphaël Poulain, il y a un monde. Et là encore, on se soigne beaucoup avec le mental. Il faut être fort moralement, dans la tête. Domingo a passé deux saisons à se remettre de deux graves blessures consécutives au genou. Il est toujours là et bien là. Il en est ressorti plus fort. Le second, qui n'a vraiment pas eu de bol dans sa carrière, il faut bien l'avouer, est passé à la trappe. Mais personne ne l'a obligé à s'oublier dans les boîtes de nuit et à dépenser son fric à tort et à travers. Pour moi, la différence entre ces deux joueurs, c'est qu'il y en a un qui s'est accroché pour continuer à jouer au rugby et l'autre qui s'était pris pour une star et qui n'a pas su réaliser tout seul, comme un grand, qu'il lâchait prise. Je ne me suis jamais leurré : la priorité, ça a toujours été le terrain. À notre niveau, on sait à quoi on s'expose.

Non, la blessure physique ne doit pas t'atteindre au moral. Sinon, on ne s'en sortirait pas. En fait, quand tout va bien, on n'y pense pas. À l'inverse, j'ai pu parfois ressentir une lassitude psychologique, surtout parce qu'on n'arrête jamais. Mais paradoxalement, ce n'est pas dans ces périodes de lassitude que tu te blesses le plus facilement. C'est dans les moments de plénitude. Quand le corps et l'esprit sont en parfaite osmose. Bon, ça arrive d'être vraiment exténué, bien sûr, mais quand tout va bien, on a tendance à en profiter pour aller chercher des gestes, des mouvements qu'on n'oserait pas en temps normal. On va puiser toujours plus loin en soi et c'est précisément à ce moment-là qu'on se pète. Une fois que la blessure est constatée, la période d'immobilisation commence. Puis, tu bascules dans une phase de rééducation qui demande plus de temps et d'efforts que quand tu joues. Et, du coup, normalement, tu as tendance à te renfermer sur toi-même. Je ne me suis jamais senti exclu du groupe quand cela m'est arrivé en club, mais il faut se fixer d'autres objectifs, avec des paliers, des dates, un planning qui ne correspond plus à celui des autres.

En fait, c'est un autre match qui commence, un match qui durerait plusieurs mois.

Ce qu'a fait Thomas Domingo, six mois de rééducation, louper la Coupe du monde, rejouer, se faire les ligaments de l'autre genou quinze jours après... je peux vous dire que ça réclame un sacré mental. C'est admirable. Sortir du jeu demande une convalescence psychologique difficile. Alors, quand tout ça est derrière toi et que tu replonges dans la blessure, faut avoir des nerfs d'acier. On se bat contre soi et contre personne d'autre, contre son propre corps. Les joueurs optimistes vont favoriser la récupération. Ceux qui stressent et qui se posent trop de questions mettront plus de temps à retrouver tous leurs moyens. Il faut très vite sortir du traumatisme pour basculer dans le travail. Ceux qui continuent à travailler sérieusement en rééducation vivent ça comme une récompense, une victoire quand ils en sortent. Et ceux-là ne pensent pas à s'arrêter de jouer, même en étant blessés.

**« Lui, le jeu, il ne l'a jamais senti.
Il a une sinusite chronique. »**

De mon côté, je vis mes blessures comme un remplaçant qui sait qu'il ne rentrera jamais en jeu. J'ai souvent été remplaçant, je connais le fourmillement dans les jambes, l'impatience irrémédiable que cela provoque. Les matchs ont beau s'enchaîner sans toi, j'ai pourtant découvert que je pouvais les vivre avec la même intensité, parfois même bien supérieure. Je me suis toujours dit que je pouvais apporter ma pierre à l'édifice, même sur des béquilles, même en loupant les cinq derniers mois du Championnat ou en ratant des matchs de Coupe d'Europe ou internationaux, comme ça m'est déjà arrivé.

Je suis persuadé que la quarantaine de joueurs d'un club sont tous partie prenante d'une saison entière, même s'ils se blessent. Pour moi, un mec qui n'a joué que quelques matchs dans une saison sera champion comme les autres si son équipe gagne le Brennus à la fin.

En tout cas, c'est comme ça qu'il faut le vivre. Quand tu es sur la touche, tu as tendance à beaucoup relativiser. Dans ces moments-là, je me suis souvent dit que ce n'était que du sport. Il ne fallait pas en faire une maladie. Ce qui ne veut pas dire que tu ne stresses pas. L'angoisse, elle te prend aux tripes quand tu penses que tu ne vas peut-être pas récupérer 100% de tes moyens. Ça te bouffe, ça t'empêche de dormir. C'est dans ta tête en permanence. Thomas Castaignède, après sa rupture au tendon d'Achille qui a nécessité de longs mois de soins et de rééducation, n'a jamais vraiment retrouvé son niveau, mais il a fait ce qu'il fallait pour retourner sur le terrain. C'était son objectif. Ne pas terminer sur un échec, une note triste. Il est arrivé que, parfois, je me sois senti bien mieux de retour de blessure qu'avant. Une autre fois, ça été plus compliqué. Une clavicule pétée à laquelle tu fais gaffe, inconsciemment ou pas, ça t'empêche de te livrer entièrement. Obligatoirement, on est un peu miné par cette incertitude qui génère de l'anxiété. « Est-ce que je retrouverai tous mes moyens ? » La question ne se résout qu'en allant au bout du protocole, pas en harcelant le médecin ou le kiné tous les jours, même si on ne peut s'en empêcher.

Pour rester dans le rythme de la compétition, je préfère ne pas me couper de l'équipe, même quand je ne joue pas. Il m'est arrivé de débriefer un match que je n'avais pas joué avec les autres. On peut bien sûr s'éloigner de l'équipe si on en ressent le besoin. Pour certains, être si près du terrain et se sentir impuissant, c'est trop dur. À l'arrivée de Marc Lièvremont en équipe de France, Florian Fritz était en pleine bourre. Un entraînement en condition de match et paf ! La cheville. Tu vois alors le mec pleurer de douleur ou de rage. Tu ne sais plus où te mettre. Quoi que tu lui dises, il s'en fout. Toute l'excitation de participer au Tournoi s'envole et il ne peut pas rester avec l'équipe. Dans ces cas-là, tu dois t'asseoir sur tes espoirs, ton envie de saisir ta chance. Te voilà allongé par terre, on t'emmène sur un brancard, tu es tout seul, tu ne reviendras pas à Marcoussis. Dur. Très dur.

Une fois, comme je ne tenais pas en place, je m'étais permis d'assister à des avant-matchs importants en suivant l'équipe lors de déplacements, du bus jusqu'aux vestiaires. D'autres joueurs avaient vécu cette situation et j'avais la conviction que voir un mec avec ses béquilles, de bonne humeur, heureux d'être là, qui ne dit rien mais qui est là, qui aimerait être à la place de ceux qui vont jouer, peut motiver un peu plus les gars, leur faire prendre conscience qu'il est derrière eux et qu'ils peuvent y trouver des raisons de donner le maximum. Vous trouvez que je me fais des idées ? Je suis un peu vieux jeu ? Vous avez raison, parce que ça ne marche pas du tout comme ça. En tout cas, c'est une frustration pour moi. On ne peut pas vivre par procuration un match et c'est même déconseillé pour sa santé mentale, et celle du groupe.

Mais quand le match qui s'annonce est important, tu te sens de toute façon très vite exclu. C'est raide parce que le mec prend l'avion, a sa chambre à l'hôtel avec les joueurs, il fait tout comme les autres, s'installe dans le bus et, à l'heure H, tout le monde part vers le stade.

Il m'est arrivé de vivre tout l'avant-match comme si, au dernier moment, j'allais réussir à me débarrasser de la douleur. Mais, quand les joueurs sont sous leur casque en train d'écouter de la musique pour s'isoler de la pression, tu n'as plus de tout accès au processus mental. Il faut savoir se barrer.

Il arrive, quand les circonstances l'obligent, en tournée notamment, que le staff accepte qu'un joueur blessé continue de suivre le rythme normal de l'équipe. Un copain m'avait raconté un grand moment de solitude dans ce registre. Il n'y avait plus un bruit dans le car où il se trouvait en compagnie des autres joueurs. Et comme il n'avait pas besoin de rentrer dans le match, il s'est soudain senti happé par la fureur des supporters au dehors. Tout le long du bus, il a pris en pleine tronche tout le folklore de l'avant-match. Des centaines de gens criaient, levaient les bras, chantaient. Ça m'est arrivé aussi. Moi, je réalisais alors que, d'habitude, j'étais comme les trois singes de la sagesse : je ne parlais pas, je ne voyais pas, je n'entendais pas. Présentant ce visage distant et hautain que l'on me reproche parfois, mais qui est le masque de la concentration. Lui, il a perdu les pédales.

Alors que le bus fendait les flots humains convergeant vers le stade, je ne sais pas ce qui lui est passé par la tête, tout est monté d'un coup. Seul à l'arrière, il s'est retenu de pleurer comme un gosse totalement submergé par l'émotion. « Je me planquais derrière les sièges en regardant dehors, mais c'était pire encore. » Le bus s'est arrêté pour déposer les joueurs devant l'entrée du stade. Et quand ses coéquipiers se sont levés pour aller au vestiaire, il est resté tétanisé sur son siège.

« Je ne bougeais plus. Je ne voulais plus suivre. Je ne voulais pas qu'on me voie dans cet état de faiblesse. » Il a fallu que le chauffeur vienne lui dire de sortir parce qu'il devait bouger. Résigné, il a suivi le mouvement et, une fois dans le couloir, il a préféré éviter le vestiaire. « Je me rendais compte qu'ils m'avaient laissé derrière eux, sans une pensée, emportés par leur concentration et leur désir de jouer, d'être ensemble. J'entendais les gars se préparer et je n'ai pu réprimer une boule qui grossissait dans ma gorge. Je me sentais abandonné et, en même temps, mon corps, conditionné au rituel d'avant-match auquel cette fois je n'avais pas droit, protestait. Jamais je n'avais autant été imprégné par l'atmosphère d'un avant-match. J'en avais vécu tellement que je me demandais ce qui m'arrivait. Je venais de réaliser que je n'allais pas me changer, que je n'allais pas pouvoir entrer sur le terrain, que je n'allais pas me battre. »

Comme il ne voulait vraiment pas montrer son état aux autres, il est allé humer l'odeur du terrain. Mais dès qu'il a mis les pieds sur le bord de la pelouse, ce fut pire. Il fut littéralement paralysé par les voix des supporters adverses qui, tous habillés aux couleurs de leur équipe, formaient une masse uniforme, compacte, effrayante. Je me disais que si jamais j'avais ainsi ressenti, en étant en mesure de jouer, la puissance d'un stade, sinon hostile mais à ce point affamé de rugby, je n'aurais été bon à rien.

Les voix des supporters résonnaient dans le stade qui se remplissait alors que, d'habitude, si on en a conscience, on arrive à ne pas trop se laisser distraire. Or, ce jour-là, l'ambiance était si épaisse qu'on aurait pu la palper. Et il m'expliquait que, précisément, c'était comme ressentir toutes les sensations de l'équipe en train de monter en température. Elles vibraient en lui. Il ne pouvait s'accrocher à personne, ne pouvait capter aucun regard et le brouhaha du stade l'étouffait. Le cauchemar. Il avait accueilli avec soulagement la décision de le renvoyer en France pour le second test-match, parce qu'il ne serait pas remis à temps. Ça l'avait libéré d'un poids.

Mais je comprenais très bien. Après une finale perdue et que je n'avais pas jouée, je me rappelais combien on peut être perméable à l'atmosphère des grands matchs, celle qui te transporte. Je ressentais effectivement toutes les tensions, comme un concentré d'émotions, sans pouvoir agir. Et, comme j'étais seul, dans un recoin de couloir qui ouvrait sur le terrain, je me suis mis à pleurer toutes les larmes de mon corps au coup de sifflet final. Vu de l'extérieur, ça doit paraître ridicule. On doit se demander pourquoi de grands garçons en costume-cravate comme nous se mettent à chialer au milieu d'une telle fête. Je regardais, presque honteux, un autre joueur de mon équipe qui, remplaçant, me cherchait du regard. Il avait l'air perdu, lui aussi, ne sachant où se mettre. Moi-même ne sachant pas où aller, j'ai chialé de plus belle comme une Madeleine en l'observant. Ce sentiment qui m'envahissait était extrêmement puissant. Je me suis fondu dans les entrailles du stade, je me suis repris. Je me suis calmé en regagnant ma place en tribune avec tous ceux qui n'avaient pas joué, y compris les blessés. Le match avait été serré et éprouvant pour les nerfs. J'en suis sorti lessivé. Mais, de retour à l'hôtel, j'avais demandé qu'on m'épargne d'endurer une telle épreuve la prochaine fois. Si ça avait été à refaire, j'aurais voulu, si possible, le vivre seul dans mon coin, en restant à l'hôtel, à part, et qu'il ne fût plus question ni de monter dans le bus ni d'écouter à la porte du vestiaire les bruits familiers, les cris de ceux qui ont gagné face au silence de ceux qui ont perdu. Le plus étrange, c'est qu'aujourd'hui je garde un très bon souvenir de cet épisode. Un de mes meilleurs en tant que rugbyman alors que je n'aurais pas pu tenir un ballon entre mes mains.

DESTEAPTA-TE, ROMÂNE, DIN
SOMNUL CEL DE MOARTE,
ÎN CARE TE-ADÂNCIRA
BARBARII DE TIRANI !
ACUM ORI NICIODATA
CROIESTE-TI ALTA SOARTA,
LA CARE SA SE-NCHINE SI
CRUZII TAI DUSMANI !

ACUM ORI NICIODATA SA DAM
DOVEZI ÎN LUME
CA-N ASTE MÂNI MAI CURGE
UN SÂNGE DE ROMAN,
SI CA-N A NOASTRE PIEPTURI
PASTRAM CU FALA-UN NUME
TRIUMFATOR ÎN LUPTE,
UN NUME DE TRAIAN !

« Les Français ont joué comme ils conduisent leur voiture : furieusement vite, imprudemment et dangereusement. Résultat : 4 essais. »

Depuis qu'un entraîneur avait fait de moi un joueur professionnel, je marchais sur l'eau. Je faisais maintenant partie d'une équipe qui avait pour ambition d'atteindre les phases finales chaque année et, forcément, c'est plus enthousiasmant que de devoir batailler dans une équipe de bas de tableau où, avant tout, il faut assurer le maintien en Top 14 avant de jouer comme tu en as envie.

On le dit assez peu, mais évoluer dans une équipe qui joue sa peau tous les dimanches, ce n'est pas vraiment une partie de plaisir. J'ai eu la chance de remporter de grandes victoires assez rapidement. Et surtout de retrouver dans cette équipe un ami avec qui j'avais fait les quatre cents coups dans un autre club. Jean avait finalement rechaussé les crampons. Il n'avait rien perdu de son coup de tatane. Et pour commencer, il s'était directement emplafonné un mec en sortant de boîte, l'avait un peu secoué et j'avais dû calmer le jeu à l'arrivée de la police.

« La classe de Dauger, l'agilité de Gachassin, l'enthousiasme d'André Boniface, l'efficacité

de Maurice Prat, le mental de Crauste, la puissance de Walter Spanghero, le courage de Rives, la force de Dauga, l'adresse de Martine, l'opportunisme de Blanco, le coup de pied de Max Rousié et la passe de Bergougnan... avouez que ça ferait un joueur d'une rare dimension ! »

Une génération naissait, une autre s'éteignait. Dans ces cas-là, de petits changements s'opèrent obligatoirement. D'abord, les gens te reconnaissent dans la rue. Au début, c'est discret et respectueux. Il faut dire que le public du rugby est plutôt bien éduqué.

On y croise peu de gens hystériques et intrusifs, qui nous sautent dessus. Ils savent conserver une certaine distance. Mais il faut aussi s'habituer à la critique. Elle est souvent diffuse. Dans les tribunes, tu pourrais presque entendre les gens chuchoter ton nom, soupirer de dépit quand tu rates un ballon.

Un spectateur ne te dira jamais en face « t'as été nul ». En revanche, il peut valoriser exagérément ta performance, uniquement pour te faire plaisir. Une flatterie en quelque sorte. Une admiration démesurée et, parfois, injustifiée. Dans le rugby, les gens sont plus pudiques que dans le football. Le regard des gens change. Quand tu vas au marché, les commerçants de ton quartier te (re)connaissent. Ils t'offrent même des trucs sans que tu n'aies rien demandé.

Dans tout ce que tu fais, les choses sont facilitées. Le plus dur reste de conserver sa vie privée... privée.

Le soir de l'incident de Jean, j'étais avec lui. Tous les journaux en ont parlé. Si j'avais voulu garder notre sortie secrète auprès de mon entourage, je n'aurais jamais pu.

Je n'ai jamais caché que j'aimais faire la bringue et sortir. Mais, très vite, on réalise que ça ne peut pas durer. Jeune, on encaisse mieux l'alcool, mais le risque de se griller trop vite est grand, compte tenu de la cadence des entraînements. Et puis, même si ça fait partie de la « culture », il faut faire attention à ne pas se laisser piéger par les événements.

On m'avait raconté que Fabien Galthié, qui n'avait pas été sélectionné au début de la Coupe du monde 1999, avait noyé son dépit aux fêtes de Bayonne pendant que les autres étaient en stage commando. Il ne s'attendait sûrement pas à être rappelé d'urgence après une cascade de blessures des autres demis de mêlée de l'équipe de France. Je m'étais dit que ça n'avait pas dû l'aider à remonter dans l'estime du sélectionneur avec lequel il ne s'entendait déjà pas. Parfois, la vie joue de drôles de tours. Avec ce qui m'était arrivé en club, mon départ fulgurant, je m'étais pris moi-même à espérer en être à un moment donné, même comme ultime remplaçant, mais j'étais encore trop jeune. J'aurais bien aimé participer avec eux au saucissonnage de Christian Califano dans l'ascenseur de l'hôtel et le laisser se dépêtrer.

Nous sommes tous plus ou moins au courant de ce qui se passe dans notre petit milieu. Les rumeurs, puis les confirmations, les scandales étouffés.

Nous n'aimons pas les intrus. Aujourd'hui, tout se monnaye, y compris l'image publique. Une connerie de trop, et tu en pâtis immédiatement. On le voit dans les bouquins, les biographies des joueurs : tous ont tendance à tirer la couverture à eux. C'est de bonne guerre, mais un joueur n'est pas le mieux placé pour parler de lui-même.

Avec l'intérêt croissant des médias pour le rugby, pour vivre heureux, il faut vivre (un peu) masqué.

Tous les rugbymen sont un peu des rugbymen masqués. Que Sylvain Marconnet se soit pété la jambe juste au moment de rejoindre l'équipe de France avant la Coupe du monde en skiant avec sa fille ou sur le parking d'une boîte de nuit en glissant sur une plaque de verglas comme le bruit a couru ici et là, je m'en contrefous. C'est juste dommage pour lui d'avoir raté ça et, dans les deux cas, il était plus à plaindre qu'autre chose.

« Isole-toi si tu veux, mais jamais seul. »

Tout au long de ma carrière, j'ai souvent eu la sensation d'être surclassé. L'impression d'être aussi assez chanceux et décalé. J'ai conservé pas mal de potes en dehors du rugby. Un peu sous la forme du rapport que j'évoquais entre mes amis d'école et la bande du rugby.

Dans le rugby, tout le monde est copain. Ce sont toujours des gens qu'on a plaisir à voir, mais il est évident que ce qui nous rapproche, c'est le rugby lui-même. Ça peut suffire. Mais pour se faire des vrais amis, il faut pouvoir aborder d'autres sujets. Et là, c'est autre chose. Ça demande d'autres affinités. Dans le rugby, je me suis fait peu de vrais amis (mais beaucoup de copains) avec lesquels je peux m'extraire du train-train quotidien. Personnellement, ça me casse les couilles de parler rugby tout le temps. Alors, j'aime bien trouver d'autres activités à partager avec les joueurs : le vin, les parties de pêche, le golf et même, cas extrême, le ping-pong. Mais à Marcoussis seulement, pour tuer le temps.

Évidemment, mes amis sont donc ceux avec lesquels je partage bien autre chose que le rugby. D'ailleurs, je ne regarde jamais le sport à la télévision. Pieter de Villiers était comme moi. Il aimait jouer, mais ça ne l'intéressait pas de voir les matchs de rugby. Ça ne veut pas dire que je ne pense plus à ceux avec qui j'ai joué, que je les oublie ou les ignore, mais je ne pense pas que j'entretiendrai à tout prix des relations avec eux quand tout cela sera terminé. En revanche, ce qui existe bel et bien, c'est la capacité de ce milieu à s'entraider en cas de pépin. Je sais que s'il m'arrivait quoi que ce soit, des coéquipiers, des entraîneurs, des dirigeants feraient tout leur possible pour m'aider.

Mais je ne pousserai pas l'hypocrisie jusqu'à dire que je partirais en vacances avec la majorité d'entre eux. Le rugby nous unit, et c'est à peu près tout. Mais c'est déjà beaucoup. Ce qu'on appelle « la famille du rugby » ressemble donc plus à une communauté d'intérêts qu'à des liens amicaux indéfectibles.

Je n'ai pas rencontré de modèle dans ce milieu. Mon modèle. Personne ne m'a servi de référence. Je ne me suis jamais dit : « Le rugby, c'est lui. » Au contraire, ce qui m'a toujours plu en rencontrant des joueurs dans ce monde-là, c'est justement que nous ne sommes pas tous dans le même panier. Les profils personnels sont très différents.

Dans le football, on a l'impression qu'ils ont tous les mêmes bagnoles, les mêmes gonzesses, les mêmes coiffeurs. Au rugby, on trouve de tout. Il y a encore le joueur « du terroir », celui qui mange comme quatre, qui adore le foie gras et les truffes et qui n'en a rien à foutre de son look. Tu peux le croiser en survêtement et en sandales, ça ne le dérange pas qu'on puisse penser qu'il s'habille comme un péquenot.

À l'inverse, il y a les starlettes, les gravures de mode qui, à un moment ou à un autre, se feront remettre à leur place. On trouve aussi dans le rugby français des îliens du Pacifique qui apportent leur bonne humeur et qui sont devenus de vrais moteurs dans les relations humaines au sein d'une équipe. Ils ont le sens de la relativité, et ça fait un bien fou.

Dans nos discussions quotidiennes, nous sommes très curieux de l'avis des autres. N'imaginez pas que nous n'ayons jamais de discussions sur le monde tel qu'il est, les classes sociales, l'éducation, les événements, l'actualité, etc. Ça existe vraiment. Évidemment, si on gagnait 400 000 euros par mois, on n'en aurait sans doute rien à cirer de ce que les gens pensent de nous, du voisin, du monde alentour. C'est sans doute aussi la raison pour laquelle le public du football est intransigeant avec les joueurs. Ils sont autant adulés que détestés parce qu'ils ont tout ce dont les gens rêvent et qu'ils n'auront jamais. Le supporter qui paie sa place estime sans doute que le joueur lui est redevable.

Le footballeur n'est pas responsable de cette situation, elle n'est sûrement pas facile à gérer.

Les rugbymen ne sont pas encore considérés comme des objets de consommation. On peut penser que les footballeurs devraient être plus modestes, compte-tenu du niveau de vie de ceux qui les admirent et des revenus des joueurs. Nous, personne ne nous rayera la portière de notre bagnole pour nous faire chier si on loupe un essai. La mienne serait complétement griffée à l'heure qu'il est. Au football, tu rates un truc, tu te fais descendre.

Au rugby, quand Christophe Dominici oublie d'aplatir un essai contre l'Italie, quand David Skrela rate une pénalité facile, les gens en font au pire une histoire drôle. Ils se moquent gentiment, mais ce ne sera jamais agressif.

Quand j'ai appris, après l'avoir affronté, que Sam Warburton avait un père pompier-secouriste et qu'il me refusait une bière parce qu'enfant il avait été marqué par les horreurs que lui racontait son père, je me suis dit que c'était quand même fabuleux de jouer contre des mecs avec qui, après un match, tu peux discuter d'autre chose que de la couleur de leur caisse. Son père avait tellement ramassé de types broyés dans des bagnoles parce qu'ils avaient trop bu qu'il ne prenait pas une goutte d'alcool, serrait sa ceinture et roulait en bon père de famille. Vous voyez à quels genres de sportifs je pense ?

Quand tu sais qu'un joueur de l'OM est capable de dépenser 80 000 euros pour changer la couleur de sa voiture de sport uniquement parce qu'un autre a la même... Pff ! Dans le rugby, je ne suis pas sûr qu'un jeune joueur qui gagnerait tout d'un coup 200 000 euros par mois ne deviendrait pas un vrai connard et ne ferait pas le malin dans une décapotable. Mais comme il en gagne 25 000, ce n'est pas pareil. Ça l'oblige à regarder son compte en banque, un minimum en tout cas. Mais bon, on est loin d'être à plaindre quand on sait que la grande majorité des gens vivent avec moins de 2000 euros par mois. Je ne veux pas jouer les moralisateurs, mais je pense qu'il faut avoir conscience de la valeur de l'argent. Je ne dis pas qu'on ne peut pas profiter du temps présent, je dis qu'il ne faut pas faire n'importe quoi. Zlatan Ibrahimovic est certainement un très grand joueur, mais son arrogance dans sa façon de vivre est ridicule.

Ce qui est compliqué dans l'alchimie du rugby, c'est de concilier le collectif avec ta personnalité. Personnellement, je trouve qu'il est extrêmement difficile de jouer avec quelqu'un qu'on n'aime pas. Pourtant, en équipe de France, comme tu ne choisis pas ta famille, cela arrive de devoir composer. Je n'ai rien de l'individualiste. Je marche pour le collectif. Mais justement, ça me pose des soucis de compréhension. Je ne cherche pas comme d'autres à marquer coûte que coûte pour attirer les regards. Je ne saute pas sur toutes les occasions pour me faire remarquer par mon agressivité. Je suis pour l'agressivité positive, d'accord, mais la baston, ça me fait suer.

Bien sûr, je peux y aller. Mais je n'y vais que pour des mecs en qui je crois. Pour moi, la camaraderie, c'est très important, mais je ne suis pas « chaud » comme Pascal Papé qui se pointe dès qu'il y a une friction à l'autre bout du terrain. Après, je ne vais pas prétendre qu'on est tous des frères. Dans une équipe, tu as toujours des joueurs qui démontrent une forte capacité d'adaptation et d'autres qui ont du mal à ne pas se regarder le nombril.

Je suis plutôt du genre à m'adapter. Mais pas toujours.

Pour certains, l'argent prime. Pour d'autres, c'est la fierté de porter le maillot du pays.

Pour d'autres encore, ce sont les liens humains, vrais ou supposés. Et dans ce dernier cas, c'est très compliqué. Je dirais que l'affectif, le nécessaire besoin de s'aimer, est typiquement français ou latin. Moi, ce que j'aime, c'est faire partie ponctuellement d'une bande dont les membres vont mettre leur ego de côté le temps d'un match, pour qu'on s'offre un moment inoubliable.

Les Anglo-Saxons ne s'embarrassent pas de ces considérations. Ils sont plus professionnels. Un bon pro fait son boulot et passe à autre chose. Si son métier, c'est de courir tout droit et de rentrer dans le mur, il le fait. Il n'a pas besoin d'aimer celui à qui il fait la passe. En France, c'est différent. Tu peux le remarquer au fait que certains joueurs, en club, ont des qualités évidentes pour lesquelles ils sont sélectionnés et qu'ils perdent dès qu'ils arrivent en équipe nationale. Cela veut dire qu'ils ont plus de mal que d'autres à faire des passes à des mecs avec lesquels ils ne s'entendent pas.

« Bon les gars, j'vais donner la composition, retenez bien votre nom ! »

La principale difficulté en équipe de France, ce sont les intérêts personnels. Je m'en suis rendu compte dès mes premières sélections.

Au début, tu joues avec tout le monde, sans distinction. Puis, peu à peu, tu comprends comment ça marche. La tendance générale, c'est quand même de rouler pour sa pomme. Personne ne vous dira qui quoi comment, mais la saine concurrence entre joueurs de l'équipe de France, c'est une fiction. Dans ces jeux d'intérêts, tout rentre en ligne de compte : le nombre de sélections, l'oseille, la visibilité dans le Tournoi, les primes par match gagné et le manager, qui est souvent responsable de l'état d'esprit général.

Comment cela se manifeste ? Ça ne se voit pas vraiment. Ça se sent. C'est un ensemble d'attitudes, de comportements. J'admire ceux qui parviennent à faire semblant. Ceux-là, en général, être en équipe de France leur suffit. « Le club, c'est les potes ; l'équipe de France, en règle générale, ce n'est pas vraiment l'endroit où on se fait des amis. » Voilà ce qu'il en ressort. J'aurais tendance à préférer que ce soit l'inverse. Du moins, c'était ce que j'espérais. Le club, ça devrait être le boulot de tous les jours, et l'équipe de France le lieu de l'excellence en tout, y compris dans les rapports entre joueurs, avec le sélectionneur et les entraîneurs. Et ce n'est pas forcément le cas.

Car en équipe de France, contrairement au club, tu peux fayoter. C'est plus facile de jouer devant l'entraîneur à celui qui s'implique à fond pendant quelques jours que sur la durée. Les flatteries, ça marche toujours. Enfin, pas toujours. Un temps. Et puis, c'est plus connu mais ça existe réellement, des clans se forment entre joueurs d'un même club. Enfin, la plaie pour les internationaux, c'est l'incertitude d'être sélectionné ou pas.

Quand elle arrive, la sélection est vécue par la plupart des joueurs comme une récompense, mais la ligne d'arrivée n'est pas franchie pour autant. Or, quand tu franchis la porte de Marcoussis, l'étape d'après devrait quand même être de réussir à gagner le ou les matchs qui s'annoncent. Le boulot commence là.

Pour les plus jeunes, l'équipe de France, c'est comme franchir une ligne d'arrivée. Sauf que c'est un point de départ. Ça me paraît évident. Eh bien non, ça n'a rien d'évident pour eux. Le plus dur à intégrer, c'est que tu n'es plus dans ton club, il faut écouter des consignes différentes, avec lesquelles tu ne te sens pas forcément en phase. Tu dois faire l'amalgame entre ce qu'on te demande de nouveau et ce que tu as envie de faire, de montrer de toi, avec des joueurs qui sont rarement les mêmes. Et les staffs techniques n'y sont pas pour rien.

Le travail du manager devrait être de cultiver le sentiment d'appartenance à un groupe, la fierté « d'en être », et celui des entraîneurs de ne s'occuper que de rugby. Pour ceux à qui j'ai eu affaire, ça n'allait pas de soi. J'ai déjà eu le sentiment que, dès lors qu'on était là, on devait se sentir suffisamment privilégiés et doués pour se prendre en main. OK, ça, ça me va. Mais sur quelles bases ? Un manager, un entraîneur doit quand même avoir une idée un peu précise de ce qu'il veut obtenir de nous ! Non ? La situation est toutefois très différente quand tu es dans les trente joueurs sélectionnés pour la Coupe du monde. Il y a une accalmie, un soulagement, un groupe peut se former et travailler plus sereinement. L'objectif est clair, tout le monde s'y met. Mais les trois saisons entre deux Coupes du monde sont trois années d'incertitude. Et là, on voit clairement les types qui font les suce-boules. Il n'y a pas d'autre mot. Le meilleur moyen d'en sortir, c'est de retrouver des joueurs avec lesquels tu partages une certaine conception du jeu. Tu comptes sur eux, et eux sur toi, pour arriver à jouer comme on l'entend.

Quand tout va bien, que l'équipe gagne, on ne parle plus de rien.

Quand ça devient difficile, comme on n'est pas en club, on se recroqueville. Quand il n'existe plus le souffle de l'aventure humaine, il reste les préoccupations personnelles. Et, paradoxalement, ou peut-être à cause de cela, je me suis fait mes meilleurs amis en équipe de France. Des joueurs qui n'étaient pas de mon club et avec qui je pouvais parler d'autre chose.

Frédéric Michalak, entre autres. Il a d'autres centres d'intérêt, comme la musique. C'est un garçon qui sait d'où il vient, qui a vécu quelques périodes difficiles dans sa vie et qui conserve une modestie et un humour sur le monde du rugby qui me plaisent. Son exposition médiatique ne l'a jamais détourné de ce qu'il est au fond de lui-même. Il est talentueux, bosseur, drôle. Il n'aime pas qu'on l'emmerde. Il fait attention à lui. J'aime beaucoup ce mec. Vous l'avez remarqué, non ? Et j'adore son état d'esprit sur le terrain. Il sait ce qu'il vaut et il sait faire jouer les autres. À eux de s'en apercevoir et d'en profiter. Et comme on ne jouait pas dans le même club, j'étais toujours content de le retrouver en équipe de France. C'était presque un rendez-vous, une attente. Quand on se retrouvait, on allait toujours boire un coup ensemble. Et, parfois, honnêtement, ça me manque.

**L'ITALIA CHIAMÒ.
UNIAMOCI, AMIAMOCI,
L'UNIONE, E L'AMORE
RIVELANO AI POPOLI
LE VIE DEL SIGNORE ;
GIURIAMO FAR LIBERO
IL SUOLO NATÌO :
UNITI PER DIO
CHI VINCER CI PUÒ ?**

**« Les gars, attention à celui-là,
il réfléchit avec les bras ! »**

Après une défaite, l'entraîneur des All Blacks demandait à l'analyste vidéo de montrer des séquences où tout s'enchaînait merveilleusement. De longues séquences de jeu où l'équipe était à son meilleur niveau.

Il leur disait : « Ben voilà, vous voyez bien que vous êtes capables de faire ceci, de faire cela. Pourquoi ne jouez-vous pas comme ça ? » Ils sont dans le positif.

Nous, ce n'est pas exactement le cas. On aime bien se flageller. Je ne sais pas pourquoi, dans la mentalité française, c'est vrai pour les joueurs et les entraîneurs, on ne regarde que ce qui ne va pas. Les étrangers qui arrivent en France sont stupéfaits. Luke McAlister, qui est quand même un grand joueur, par exemple. Un jour, alors que mon équipe venait de battre la sienne, il restait décontracté. En le saluant, je lui ai demandé comment il faisait pour garder cette « légèreté ». Il m'a dit que les Français sont mondialement connus pour être le peuple qui fait le plus souvent la gueule, le plus souvent la grève. Eux, les étrangers, jouent, mais déconnectent très vite du rugby ensuite. Ça reste un jeu. Si tu vas à l'hôtel des Blacks en tournée, tu peux les voir traîner dehors, à discuter sur le trottoir, dire bonjour aux gens qui passent. Dan Carter peut sortir des rassemblements de l'équipe pour aller se balader tranquillement. Il y a un sentiment de confiance et de liberté. Et même dans les méthodes de travail, c'est différent.

Les Sud-Africains expliquent que, dans les franchises, et même en équipe nationale, le staff propose un certain nombre de schémas de jeu aux joueurs. Les leaders s'en emparent, en discutent, ce n'est pas une réunion syndicale, mais ils font un certain nombre de remarques, d'aménagements. Tout est fait pour qu'ils se sentent bien. L'entraîneur en chef en tient compte, reprend ses notes et puis tout le monde travaille ensemble sur ce compromis.

En France, ce n'est pas du tout le cas. C'est tout à fait paradoxal parce que nous sommes aussi connus, en tant qu'équipe, pour être « imprévisibles », c'est-à-dire que personne ne sait comment nous allons aborder un match et, comme nous sommes capables de très bien jouer, toutes les équipes étrangères se méfient énormément de nous. Cette imprévisibilité est pourtant le signe d'un manque de compréhension persistant entre l'encadrement du XV de France et les joueurs. Les consignes manquent.

« Le rugby est un combat. Si tu lâches, tu ramasses. »

J'ai découvert le XV de France avec Bernard Laporte. Bernard est quelqu'un qui aime bien avoir le dernier mot. Il est dans la culture du chef. Donc, les lèche-culs, c'est pas son truc. Ce qui est déjà une bonne chose.

Pourtant avec lui, je me suis autant fait chier que j'ai vécu de moments incroyables. De tournois en tournées, il avait une vision d'ensemble assez cohérente.

Il a, à de rares occasions, décidé d'appliquer des stratégies contradictoires auxquelles je n'adhérais pas. Mais j'ai pu, avec le temps, avoir des discussions très franches à ce sujet avec lui. Il ne déteste pas ça. Et même s'il se posait en patron, on pouvait débattre...

Personnellement, je pense que l'on peut tout à fait dire au sélectionneur « ton projet est pourri » même quand on prend 20 000 euros par match gagné. Des joueurs se retiennent de le faire, ça dépend où l'on place son intérêt. Quand tu as 20-30 piges, tu sais pertinemment quand on te propose de la merde, mais tu peux donner le change. Disons que tu peux dire oui à ce qu'il te demande de faire même si tu n'es pas convaincu, simplement pour garder ta place. Mais moi, pour cela, pour que je ne renâcle pas, j'ai besoin d'aimer l'entraîneur que j'ai en face de moi, je veux dire, il faut que je croie en lui. Parce que pire que de renoncer aux 20 000 euros, il est épouvantable d'avoir un entraîneur qui n'est pas crédible. Je me suis souvent dit face à des entraîneurs avec qui ça se passait mal : « Mais s'il était indiscutablement compétent, je ne ressentirais pas autant le besoin de l'apprécier personnellement. » Je m'expliquais ainsi le besoin que j'avais d'aimer les gens avec qui je devais travailler sans être convaincu par leur méthode. Comme s'il fallait compenser un sentiment par un autre. Si j'éprouvais du respect, même sans être d'accord avec lui, je faisais ce que me disait l'entraîneur. Comme avec Bernard Laporte.

Bernard Laporte a démarré sur les miettes de la finale de la Coupe du monde précédente, perdue contre l'Australie en 1999. Si j'ai bien compris, à l'inverse de ses prédécesseurs, il s'est immédiatement posé en manager. Ce qui me va tout à fait.

Dans ma conception d'un staff, il faut un manager, un homme qui incarne le projet de jeu, et il lui faut des adjoints, des entraîneurs, à qui il confie la partie concrète du travail sur le terrain. Évidemment, un vrai manager contrôle tout, mais là c'était un peu trop.

Du bistrot au vestiaire, Bernard était partout, et même dans les affaires personnelles des joueurs. Dans le Tournoi, il voulait tout gagner. Or, on a aussi pris des branlées. Mais, d'accord ou pas d'accord avec ses options, il y avait au moins une continuité, une logique dans ce qu'il nous demandait.

Son dada, c'était la rigueur sur les bases, il se nourrissait énormément de statistiques, il pouvait donner des chiffres précis. Il s'adressait aux joueurs comme aux adjoints, sur le même plan.

Jacques Brunel a été indispensable pour les avants durant cette période, pour les faire travailler.

Mais l'entraîneur, l'inventeur des fameux « blocs », c'est lui, c'est Bernard.

J'en ai rencontré des inventeurs, moi, des hommes habités avec des visions.

« Au rugby, tous les gestes sont uniques, la balle idiote, les trajectoires calculées par un savant fou. »

Exemple :

Bernard Viviès, censé s'occuper des lignes arrière,

n'était pas décisionnaire. Mais tu pouvais te confier à lui, il avait les épaules larges, c'est un bon mec. Et sur le plan défensif, David Ellis nous a vraiment fait progresser. Bernard avait dix combinaisons dans sa manche, pas une de plus, et c'était bien peu... Mais c'était bien suffisant. Tu avais intérêt à les connaître sur le bout des doigts. Il y avait des fondations, des fondamentaux. Et il ne fallait pas oublier un détail. Tu allais aux séances vidéo avec la peur au ventre.

À partir du moment où on maîtrisait parfaitement le peu qu'il nous demandait, il nous laissait aussi la possibilité de nous écarter de ses schémas. On en avait le droit. Il était plus manager qu'entraîneur, ce qu'il a toujours été et qu'il est encore d'ailleurs.

La force de Bernard Laporte, c'est sa personnalité. Il était excessif et voulait des joueurs qui l'étaient aussi.

Il voulait des fous. À l'entraînement, il pouvait prendre la tête à plus d'un, il gueulait sans arrêt, on s'entraînait sous la pluie et, en plus, on faisait la bringue avec lui. On pouvait passer des heures à rejouer le coup de la passe au pied sur l'aile vers Imanol Harinordoquy. Tant qu'on n'y arrivait pas, on reprenait. Mais quand il disait « non », plus personne ne bronchait. Et c'est ce qu'il y avait de bien. Tu pouvais rentrer à 8 heures du matin soûl comme un cochon si tu voulais, mais, à 18 heures, si l'entraînement était programmé à cette heure-là, il ne voulait rien entendre.

Si tu avais envie de gerber, si l'un de nous avait la gueule de bois, il n'acceptait aucune excuse.

C'était une manière de nous mettre la pression, pas la bière, mais celle qui te fait réfléchir. On peut souhaiter ce genre de rapport où le joueur est responsable de ce qu'il fait. Car ce type de fonctionnement ne te dédouane jamais de ta seule responsabilité. C'est une conception de la vie et du sport.

Bon, je n'y étais pas, mais le XV de France perd deux tests dans l'hémisphère Sud et ils sortent après le second jusqu'à 2 heures du matin.

À peine couchés, les téléphones sonnent dans les piaules. Il a fallu descendre pour une séance vidéo à 4 heures du matin.

Donc, non seulement les mecs n'ont pas eu le temps de dormir et en plus, à peine au lit, ils doivent se lever pour se faire démolir. Ça ne m'a pas étonné, il nous tenait avec la vidéo. Personnellement, j'ai dû me fader des séances de trois heures de vidéo quand Bernard était dans un bon jour. Les autres, remontés dans leurs chambres à 5 heures du mat', ont en plus été réveillés à 6 heures pour prendre l'avion... Ça chantait pas dans le bus, les gars avaient perdu l'envie de discuter.

Pour vous dire, il n'a jamais reproché à quelqu'un de boire de la bière, mais il faut l'assumer avec les séances de récupération et de musculation qui suivent.

Fais ton choix, camarade ! Il aime les fortes têtes et il pouvait tuer un joueur sur place s'il le sentait fragile. Il est possible que François Gelez n'ait pas survécu à sa pénalité ratée en 2002 face au poteau contre les All Blacks.

Il y des choses avec lui qui sont rédhibitoires. Il n'a jamais été rappelé. Jamais. Honnêtement, il peut être méchant parfois. Il te met plus bas que terre. Il est sans concession. Il connaît très bien le rugby et il marche à l'investissement. Il lui arrivait aussi d'être particulièrement froid avec certains joueurs, dont pourtant on ne penserait pas qu'ils aient été à côté de la plaque.

Ça a été le cas de Serge Betsen. Je ne sais pas si c'est personnel ou s'il y a eu un mot de trop. Mais j'avais du mal à croire, quand on regarde ce qu'a fait Serge durant le mandat de Bernard Laporte, qu'il puisse s'en passer. D'autant que, par la suite, il en a fait un de ses joueurs-clés.

Mais avant d'être rappelé, Serge a connu le frigo et quand on va au frigo avec Bernard Laporte, ça peut durer des années. C'est la raison pour laquelle on se sentait privilégié quand on était appelé en équipe de France. Il est intransigeant, mais c'est aussi ce qui donnait de la valeur à nos sélections. À son crédit, pendant 8 ans, il a tourné avec cinquante joueurs.

C'est peu par rapport à Marc Lièvremont ou Philippe Saint-André. Il était donc plus facile de s'y retrouver qu'aujourd'hui, et d'être plus efficace. Imanol Harinordoquy, Serge Betsen, Rémy Martin, Fred Michalak, David Marty, Damien Traille, Clément Poitrenaud, Aurélien Rougerie ont obtenu l'essentiel de leurs sélections avec Bernard Laporte et c'est lui qui les a lancés sur le terrain, qui les a choisis. Il avait construit une équipe qui allait peu évoluer, ce que les joueurs apprécient toujours. Il y avait un cercle.

« Le rugby c'est comme la dinde, sans marrons, c'est vulgaire. »

Surtout, il vivait vraiment ses discours d'avant-match, c'est un véritable passionné. Il sait parler et il pouvait aussi te bloquer, tout dépendait, du coup, de ta propre personnalité. Sa plus-value se faisait sentir quand on acceptait de rentrer dans sa mentalité et sa façon de vivre. On entrait dans une autre dimension. Durant mes premières années, je suivais le mouvement et tout se passait bien. Les soirs de victoire, il sortait avec nous. Il lui est arrivé de rentrer complètement fracassé à l'hôtel, les joueurs ne sont pas insensibles au fait de picoler avec le patron. Il leur est même arrivé de le ramener sur leurs épaules dans un état second.

C'est spécial de prendre des cuites avec son sélectionneur en équipe de France. On se connaissait bien, mais bon... le respect de l'autorité et de la hiérarchie sont-ils compatibles avec la murge ? Ce n'était pas le souci véritablement. Le plus important était qu'il partageait un truc important avec ses joueurs.

Cela faisait partie de la façon dont Bernard avait réussi à former un groupe. À nous faire devenir dingues. Dans les vestiaires, son royaume, il n'aime rien autant que les discours. C'est un grand orateur. Il était capable de nous mettre dans des états seconds.

En France, on travaille quand même un peu à l'ancienne. C'est à peine en train de changer. On ne mettait plus de coups de tête dans le mur comme les anciens, mais il y avait toujours quelque chose de cette culture bourrique dans le discours. Il fallait que ça fasse mal ou que l'on ait envie de le tuer ou de tuer quelqu'un en sortant de là. C'est comme un héritage familial, une éducation dont on ne pourrait se défaire. C'est resté dans les petits clubs, tu vois encore des mecs se mettre des tartes dans la gueule avant de rentrer sur le terrain et d'en sortir comme des taureaux. Bernard jouait beaucoup sur la peur, sur l'exaspération des joueurs, tu as l'impression que tu vas passer en cour martiale.

Mais ses techniques psychologiques ne marchaient pas à tous les coups.

« Un maul c'est comme une partouze ; si on est mal placé, on se fait enculer. »

En 2003, en Australie, l'équipe était jeune, mais elle avait quand même trois ans d'expérience derrière elle. Il régnait une bonne ambiance et, à ce que je sais, pas un joueur n'a refusé de profiter de tous les à-côtés.

L'hôtel de l'équipe de France était situé à Bondy Beach, il y avait des décrassages dans l'océan, dans l'eau fraîche. L'Australie, visiblement, c'était le paradis. Personne n'était emmerdé en allant se balader. Et sur le terrain, tout se passait bien.

Pour la demi-finale contre l'Angleterre, il y avait une stratégie bien en place. Pour qu'elle fonctionne, il fallait du soleil, ils avaient décidé de déplacer le jeu. Et il s'est mis à pleuvoir. En fait, à l'époque, contrairement à 2007, l'équipe de France n'avait que très peu de chances, objectivement, de battre les Anglais. Ils possédaient des joueurs dont la majeure partie avait plus de trente ans. Je rappelle que l'Angleterre a été la première nation à préparer une Coupe du monde à ce moment-là de cette manière. C'est-à-dire que les Anglais avaient travaillé uniquement dans cet objectif en multipliant des stages tous aussi durs les uns que les autres. Ils s'étaient même acclimatés longtemps à l'avance à l'Australie.

Pour les Frenchies, il fallait gagner tous les matchs du Tournoi, ça je m'en souviens, puis, après, éventuellement, aller à la Coupe du monde. Nuance.

Quoi qu'il en soit, cela n'avait pas empêché les copains de bien jouer et de prouver, en quarts contre l'Irlande, qu'en jouant notre rugby, mélange de schémas préparés et d'improvisation, ça pouvait fonctionner. Contre l'Angleterre, on aurait eu besoin d'aérer le jeu contre cette masse physique imposante. L'eau a ruiné notre plan de jeu. Nous sommes passés à un jeu d'occupation du terrain, et il faut bien dire qu'ils étaient meilleurs que nous dans ce domaine.

On a été battus par plus forts que nous. Dans d'autres circonstances, on aurait pu les surprendre. Mais, sous la pluie, leur énorme mêlée a tout écrasé et Wilkinson a joué comme un métronome.

Frédéric Michalak, qui était en super forme, a été moins bon dans sa gestion au pied. Oui, c'est vrai, il n'y avait pas de plan B comme l'ont écrit les journaux. Il nous a été impossible de bouger leur défense. Mais durant toutes ces années, Laporte a tout géré tout seul. Jamais il n'a compté sur quelqu'un d'autre que lui-même. Nous étions en autonomie totale, jamais il n'a demandé d'aide à la Fédération, à la Direction technique nationale. Sauf que, sur ce coup-là, Bernard n'a pas démontré qu'il était un grand stratège.

Avec lui, on s'est toujours bien préparés physiquement. Mais psychologiquement, c'est bizarre, nous, les Français, on n'est pas bons. On en fait trop ou pas assez. Lors du match inaugural en 2007, pareil, on a tout raté. L'événement nous a dépassés, a dépassé le match. On en a trop fait. Je ne crois pas que nous étions inférieurs aux Argentins.

La mise en scène a tué le scénario.

Clément Poitrenaud s'est fait piéger bêtement. Le pauvre ! Il n'était pas titulaire et a dû vouloir, d'une manière ou d'une autre, participer au match. Patatras ! En acceptant de lire cette fameuse lettre de Guy Môquet sous l'œil des caméras, c'était fichu, on est sortis de la raison pour laquelle on était là.

Clément n'a pas su refuser alors que Bernard aurait pu la lire lui-même après tout ! Mais il a révélé après coup que le capitaine, Raphaël Ibañez, s'était défilé. Pas con.

Il n'aurait pas dû y avoir toutes ces personnalités extérieures au groupe autour de nous. L'enjeu s'est déplacé. Autant nous étions en dehors du fonctionnement général de la Fédération, autant il y avait trop d'interférences extérieures.

Les relations de Bernard ont envahi le terrain. Un vestiaire, c'est un vestiaire, pas une tribune. On n'aurait pas dû sortir du vestiaire, on aurait dû rester entre nous. On sortait de l'élection présidentielle et Bernard Laporte avait clairement la tête ailleurs.

À Marcoussis, on a eu droit à un défilé de femmes et d'hommes politiques : Rachida Dati, Nicolas Sarkozy, etc. Et puis, il y avait tout ce tapage autour de Bernard Laporte, ses relations avec le milieu, ses affaires, il n'était pas avec nous à 100%.

Mais il y a eu des choses sympas. Par exemple, à Cardiff, nous avons eu enfin l'impression de sortir de la Coupe du monde et de nous retrouver entre nous. La pression avait sauté. On respirait. L'atmosphère était différente, et puis on était à l'étranger. On retrouvait une sérénité qui nous avait manqué jusqu'alors, on est même sortis par petits groupes en ville.

« Il y a de tout dans le rugby. Une comédie humaine pleine de sensibilité, d'espérances et de déceptions, de rires et de larmes. »

On a réussi à se mettre en condition une seule fois, pas une de plus. On a sorti un match, et après, on n'a pas été foutus de retrouver cet état d'esprit. Ça ne s'est pas reproduit. Contre les All Blacks, ce qui nous a fait nous élever, c'était la peur. C'est aussi bête que ça. On ne joue jamais aussi bien que lorsqu'on nous donne perdants. À l'inverse, les Anglo-Saxons n'ont jamais peur. Ils donnent le meilleur d'eux-mêmes tout de suite. Ils se mettent dans le bain très rapidement.

Eux possèdent ce qu'on appelle la concentration et l'investissement. S'ils peuvent te passer 60 pions, ils le feront. Les Néo-Zélandais jouent de la première seconde à la dernière. Et dès que c'est fini, ils ont le sourire. Même s'ils perdent. Enfin, pas tout de suite, mais peu de temps après. Nous, quand on perd, on entre en dépression pour huit jours. Même quand ils jouent dans des clubs français, ils conservent cet état d'esprit. Nous, quand on joue contre l'Écosse au Stade de France ou l'Angleterre à Twickenham, ça n'a rien à voir. Inconsciemment, on n'atteint pas les mêmes niveaux d'adrénaline et on est donc inconstants. On passe très vite du sentiment de supériorité à un complexe d'infériorité. Pourtant, on reste persuadés que si on avait disputé la finale contre l'Afrique du Sud, si on n'avait pas commis cette erreur stratégique contre l'Angleterre, tout nous aurait été favorable. Mais avec des si...

Contre l'Angleterre, Bernard Laporte a voulu que nous jouions comme des Anglais, et c'est évidemment la chose à ne pas faire contre eux, quelle connerie !

C'était encore une erreur dans un moment crucial. Il m'est arrivé, quand il était en poste, de penser que je ne ferais pas ce qu'il racontait parce que je ne m'en sentais pas capable. Il me demandait de jouer d'une façon qui me bridait, j'aurais été tenté de faire des choses qu'il n'aurait pas souhaité que je fasse. Je lui ai même conseillé lors d'une précédente sélection de ne pas me prendre dans l'équipe, parce que je n'étais pas certain de suivre certaines consignes. Notamment, je ne crois pas qu'il faille jouer le jeu de son adversaire, je crois qu'il faut jouer sur ses forces. Et, en 2007, nous avions démontré contre les All Blacks que nous étions capables de nous tenir à une stratégie.

Bon, je lui parlais parce que je le connaissais bien, mais je ne me faisais jamais aucune illusion. Et je l'ai même conforté quelquefois parce qu'après tout, il avait ses raisons qui n'étaient pas celle du petit joueur que je suis. Pour le coup, contre l'Angleterre, il aurait mieux fait de retenir ce que je lui avais glissé gentiment à l'oreille. Néanmoins, je lui reconnais de vraies qualités, dont celle d'être parfaitement franc. Par exemple, on disait qu'il taillait des costards aux joueurs en conférence de presse et que c'était dégueulasse de sa part. En réalité, les joueurs savaient très bien à quoi s'en tenir avant même qu'il s'exprime de cette façon excessive qui le caractérise devant les journalistes. Je n'ai pas souvenir qu'il ait jamais pris un joueur en traître en déclarant des choses sur lui qu'il ne lui ait jamais dites en face.

Après lui, on peut dire que tout est devenu moins excessif. Et avec le temps, l'âge, on marche de moins en moins avec ce type de méthodes, on peut s'investir en ayant plus de recul.

« Les piliers, vous êtes comme les couilles et le talonneur, c'est la bite de la première ligne... Dès que vous êtes séparés, vous êtes stériles. »

Quand Marc Lièvremont est arrivé, on a vécu une utopie. Lui-même est une utopie.

Il laissait les joueurs tout faire à leur guise. Il voulait qu'on soit une bande de copains, et lui n'aurait eu qu'à ajuster deux trois détails. À l'inverse de Bernard Laporte, lui ne s'est pas présenté en patron. Ah ? Tu crois que Claude Onesta avec qui il est ami n'est pas le patron du handball français ? Même s'il laisse beaucoup l'initiative du jeu aux joueurs, c'est quand même lui qui les tient. Et ça me paraît normal. J'ai passé plusieurs années de rang dans plusieurs clubs et je sais que, de l'un à l'autre, tu intègres une façon de faire différente, des mœurs, des habitudes nouvelles, bref, tu rentres dans un moule. Mais l'équipe de France, c'est deux mois dans l'année, hors préparation de Coupe du monde.

Je suis donc désolé, mais il faut un cadre. Des références communes pour commencer à travailler. Il faut au moins que le sélectionneur puisse savoir dire aux joueurs comment en partant du point A il compte que nous arrivions au point B, et ensuite au point C. Bien sûr, quant à comment y parvenir, il peut en discuter avec les joueurs. Mais j'ai trouvé qu'il y avait une facilité dans son discours. Les échanges qu'il disait souhaiter avec les joueurs n'avaient pas lieu. Toutes les options de jeu sont bonnes à condition que les joueurs y croient. C'est ce qu'il faut obtenir. Et il faut donc s'adapter aussi aux joueurs à disposition, savoir leur parler en fonction de leur capacité. Mais il faut une base de discussion.

On ne part pas la fleur au fusil.

À Oyonnax, ils ne relancent pas des 22 mètres tous les week-ends, que je sache, mais ils ont un carnet de route qui fonctionne et ils s'y tiennent. Pour moi, joueur, ce qu'il faut avant tout, c'est gagner. Le spectacle que tout le monde réclame à cor et à cri parce que les supporters sont persuadés que nous sommes des esthètes, nous, les joueurs, je vais vous dire, la vérité du terrain, on s'en fout ! Je vais vous expliquer mon point de vue. Pour moi, les deux dernières finales de la France, en 1999 et 2011, sont des coups de cul formidables.

Tandis que nous, à Cardiff, contre les All Blacks, ce n'est pas la victoire du hasard, et j'ai la faiblesse de penser que ça s'est vu. Bernard Laporte, lui, n'a pas eu de chance. Je dis ça d'autant plus qu'il s'est trompé plus d'une fois et je peux affirmer que quand on perdait, ce n'était pas qu'on n'avait pas eu de bol. C'était de notre faute.

Et quand on gagnait, ce n'était pas le hasard non plus. Contre l'Angleterre, en 2007, je l'ai dit, il aurait dû changer de stratégie.

En 1999, avant le quart contre l'Argentine, le XV de France, même avec Skrela et Villepreux et pas mal de Toulousains dans ses rangs, n'a pas joué à la toulousaine comme du temps de Denis Charvet et Didier Codorniou.

En 2011, en demi-finale, si ce joueur formidable qu'est Sam Warburton ne prend pas un carton rouge, on ne passe pas contre le pays de Galles. Après, la finale en elle-même, elle est exceptionnelle. C'est vrai. Cette finale-là, on aurait dû la gagner. Même le président de la Fédération néo-zélandaise l'a très sportivement (mais discrètement) déclaré. Et il ne faisait pas de la diplomatie, il connaît le rugby.

« Dans le sport, l'homme reprend ses droits. Il reconquiert la discipline, la seule liberté qui soit douce. »

Marc Lièvremont, Émile Ntamack et Didier Retière ont parfaitement sélectionné les joueurs qui leur convenaient, les meilleurs, pas d'erreur là-dessus. Mais en termes de management, c'était le désert. Après Bernard Laporte, le manager compétent dans le rugby français qu'il aurait fallu nommer, c'est Guy Novès. Je l'ai déjà rencontré, évidemment. Ça m'aurait plu de terminer ma carrière à Toulouse. Je peux vous dire qu'il n'est pas con, il entend très bien ce qu'on lui dit, mais il a des idées bien arrêtées. J'en ai parlé avec Yannick Bru avec qui j'ai joué, un peu, en équipe de France. Il me disait que Novès avait du mal à accepter les propositions de ses adjoints. Je crois qu'il veut décider seul et n'aime pas qu'on lui dise ce qu'il devrait faire, qu'on lui force la main. J'ai bien senti ça. On sent très bien qu'il est le capitaine de son vaisseau, il a formé des joueurs, des entraîneur et je ne comprends pas pourquoi ce n'est pas lui qui a succédé à Bernard Laporte.

Parce que tout d'un coup, j'ai trouvé trop pratique de se réfugier derrière ce qu'ils appelaient « l'autonomie » des joueurs. Ça n'existe pas. Même en Nouvelle-Zélande. Les joueurs demandent un cadre. Avant de faire ce que l'on a envie de faire, il faut nous poser un cadre à partir duquel on peut voir comment on utilise ses propres aptitudes pour que la tactique marche. C'est le boulot du manager qui doit s'allier à des joueurs, les joueurs-clés, pour que le message passe sur le terrain. Ce n'est qu'après avoir intégré ce cadre que tu te laisses jouer, que tu te donnes des libertés. Et dans ce cas, avec Marc Lièvremont, ce sont les joueurs qui ont réclamé un cadre de jeu...

Alors, il nous a concocté un « cahier de jeu ». On lui a demandé des graphiques sur les lancements de jeu pour savoir par quoi on devait commencer et construire là-dessus. Je pense qu'il l'a fait à contrecœur. C'était un petit cahier à spirales avec des dessins photocopiés.

Je me suis toujours demandé ce que ça faisait à Guy Novès de voir Marc Lièvremont, Didier Retière et surtout Émile Ntamack à la tête de l'équipe de France.

Je pense qu'il n'était pas dupe, mais il n'a jamais critiqué. Je pense sincèrement que ces trois hommes sont d'excellents éducateurs pour les jeunes joueurs, disons ceux qui ont entre 16 et 20 ans, mais ils n'avaient pas le niveau pour entraîner des joueurs expérimentés qui, dans leurs clubs, avaient des coachs autrement plus tatillons.

Il leur a manqué une étape, ils n'ont pratiquement pas entraîné en club. Je me rappelle, en cadet ou junior, avoir gagné des matchs avec des entraîneurs qui étaient des vraies truffes, notamment un qui avait des pertes de mémoire. Il oubliait ton nom, à quelle heure on jouait... Un autre te disait tout le temps que c'était parfait, qu'on était les meilleurs... Véridique !

Autant dire qu'ils ne servaient pas à grand-chose et, c'est vrai, on a gagné quand même. C'est bien la preuve qu'on peut jouer sans entraîneur. Mais ça ne fait pas un discours, une méthode en équipe de France. Pour être plus juste, l'organisation globale était plus faible que leur désir de jeu flamboyant « à la française ». Je dirais qu'ils n'étaient plus en phase avec le rugby moderne qui est très peu improvisé. On ne peut pas laisser des joueurs avant un match international dans l'inconnu. Un jour, à l'échauffement sur le terrain, avec quelques autres, les arrières sont allés leur demander comment ils voyaient les choses après telle ou telle combinaison. Leur réponse a été, en gros : « Faites comme vous voulez. »

À la décharge de Marc Lièvremont et de ses adjoints, ils ont été propulsés malgré eux à ce niveau pour faire consensus, calmer le jeu après l'hystérie communicante de Bernard Laporte.

Ce n'est pas du tout de leur faute, c'était Philippe Saint-André qui devait avoir l'équipe. Mais la Fédération a temporisé parce que Philippe était mêlé à des histoires de transferts louches à Toulon. Il fallait calmer le jeu. Ils ont beau avoir été champions du monde des moins de 20 avec Lionel Beauxis qui passe 5 pénalités de 60 mètres, je ne pense pas vraiment que ce soit le jeu déployé, ce n'est pas ce qu'ils nous servaient à Marcoussis qui semblait correspondre à des garanties d'efficacité. Ils voulaient que les joueurs soient autonomes... Bien, aujourd'hui, ils doivent êtres satisfaits, puisque c'est Thierry Dusautoir qui s'est chargé de leur boulot après les phases de poules en Nouvelle-Zélande lors de la dernière Coupe du monde.

Sans Thierry, que se serait-il passé ? J'imagine qu'après la défaite contre les Tonga, on aurait frôlé la catastrophe, la déflagration.

C'est pour cette raison que Guy Novès, qui a toujours fait chier tous les entraîneurs de l'équipe de France parce qu'il estimait qu'ils lui piquaient son équipe depuis trop longtemps, aurait mérité le poste. Lui est très à cheval sur la formation et quand on lui prenait trois mois par an le meilleur de son effectif, c'est-à-dire beaucoup de « ses » joueurs, il balançait qu'il n'avait pas à payer « pour l'État ». Évidemment, ce n'est pas très fair-play, mais ça a été pénalisant pour son équipe, c'est certain, et pour l'équipe de France. Alors, il faisait chier pour faire chier. Rétention d'information, double langage, coups en douce, etc. Laporte comme Lièvremont, je les ai souvent entendus pester contre Novès qui ne pensait qu'à sa tambouille locale. Ça a dû se calmer un peu aujourd'hui. Mais à l'époque de Laporte, puis de Lièvremont, « ses » joueurs disaient qu'il savait parfaitement dissocier le discours qu'il tenait devant les médias de celui qu'il avait en interne. En fait, il restait très positif avec ses internationaux et apparemment ne faisait jamais aucun commentaire sur les entraîneurs nationaux, en cas de défaite ou même après une victoire. Sauf quand Marc Lièvremont tapait sur « ses » joueurs, là, il n'aimait pas. En discutant avec « ses » joueurs, j'ai su qu'il avait également comme un regret.

« L'arrière moderne, c'est le dernier défenseur mais aussi le premier attaquant. C'est ce qui fait la complexité du poste. »

Aujourd'hui, la grande difficulté, pour les entraîneurs, quels qu'ils soient, c'est que le haut niveau s'est homogénéisé. C'est la manière de faire passer leur discours qui les différencie. Car les joueurs en ont marre d'entendre des mots, toujours des mots.

Le rugby est pavé de bonnes intentions. Tous sont plus ambitieux les uns que les autres, ils ont des convictions, veulent s'y tenir, mais dès que les défaites arrivent, ils changent d'avis. Et les joueurs suivent, bien obligés. Et nous devons assumer ces changements de cap.

Nous sommes souvent tenus pour responsables, d'un match à l'autre, de revirements stratégiques que nous impose l'entraîneur. Quand ça gagne, quand ça joue bien, l'entraîneur est un génie ou a enfin compris comment les observateurs voyaient la chose. Mais nous, les joueurs, nous ne balançons pas, en conférence de presse, que le staff raconte des trucs incompréhensibles ou qu'on n'est pas d'accord. On suit les consignes, un point c'est tout. Les mecs veulent jouer en équipe de France. C'est normal. Ajoutons à ça que, depuis 2008, on change aussi souvent les joueurs, et tout ça fait penser qu'il n'y a pas eu de réflexion des entraîneurs sur le XV de France avant qu'ils y soient confrontés.

C'est le problème de Philippe Saint-André. Il n'était pas préparé et c'est un piètre communicant. Tout comme Marc Lièvremont était plus que médiocre dans ce domaine. Dans presque tous les domaines, remarquez. Saint-André semble courir après ce que font les joueurs pour donner du sens à ses mots et Marc se protégeait en disant que nous étions des enfants gâtés, qu'il fallait nous mâcher le boulot. Et puisque nous parlons de la psychologie de l'entraîneur, ce qu'il y a de plus important, même quand il n'a pas plan de jeu, c'est sa personnalité. Si un entraîneur parvient à te faire faire dix roulades alors que ça ne sert strictement à rien, c'est un bon entraîneur. Il faut que le joueur soit persuadé que l'entraîneur a raison.

Avec Philippe Saint-André, ce qui est encore plus drôle, c'est par exemple que Novès et d'autres en font une victime d'un système... En gros, ce n'est pas la faute du coach, mais de la Fédération... Ce serait hurler avec les loups que de dire que Philippe est un mauvais entraîneur. Pourtant, je pense que c'est le cas. Les joueurs ne comprennent rien à son discours. Avec les mêmes joueurs, qu'aurait fait Novès ? Maintenant que ça va moins bien à Toulouse, il aurait tendance lui aussi à leur mettre la pression, à lui aussi se dégager de ses responsabilités. Il est moins conciliant quand les gars reviennent d'un stage en équipe de France. À mon avis, les joueurs sont pris entre deux feux. Pour comprendre, il faut savoir que d'après un journaliste, Serge Kampf et Jean-Pierre Rives se sont déplacés en personne pour lui proposer de prendre le XV de France avant de le confier à Philippe Saint-André.

Il a refusé pour les mêmes raisons dont s'est plaint Saint-André à ses débuts. Qu'il fallait plus d'autonomie à l'équipe de France, la constituer en équipe indépendante des clubs. Mais Guy Novès étant un homme de club, il n'a pu se dédire. Dommage.

Dommage parce qu'il faut qu'il y ait un leader. Et je crois qu'après le système quasi militaire de Bernard Laporte, la logique eut été de prendre Novès qui est de la même fibre, avec des conceptions sur le rugby différentes.

Pour moi, tous les systèmes de jeu se valent, mais pas les hommes à la tête d'une équipe.

À quoi servirait un entraîneur laissant 100% d'initiative à ses joueurs ? C'est un non-sens ! Si le but est que le joueur parvienne à faire ce que tu veux, même si tu sais en tant qu'entraîneur que ce n'est pas forcément la meilleure solution ou que c'est juste une option à tester, tu devras convaincre tes joueurs. Et pour cela, il n'y a que la force de persuasion, la personnalité. Ça n'a rien à voir avec le technico-tactique. Et pendant quatre ans, le tandem Pierre Camou-Marc Lièvremont à Marcoussis, c'était pas bandant.

Après la branlée qu'on prend contre l'Australie à Paris en 2010, les convictions de Marc Lièvremont vacillent et il se ravise. Il réalise que la liberté totale, ça peut être dangereux. Les médias le pilonnent, Marc cède à la pression et revient à un jeu plus « standard ». Mais j'ai senti que son idéalisme en prenait un coup. Et il nous a tenus pour responsables de cet échec. On avait quand même tous oublié un truc, c'est que depuis 1999, l'Australie a été la première équipe à fond dans l'organisation du jeu alors que nous étions à fond dans l'improvisation. Aujourd'hui, on dirait que ça s'est inversé. Ça tient aux divers Championnats aussi.

Le Top 14, ça joue la gagne.

En Angleterre, ils tentent de jouer pour jouer, pour le plaisir du jeu. Il y a aussi un aspect générationnel. Selon les joueurs que tu as à disposition, tu peux leur demander plutôt de jouer ou plutôt de garder la balle au chaud. Surtout, ce que je constate aujourd'hui quand je vois les gamins s'entraîner, c'est qu'on leur donne déjà des cadres bien définis, tout un vocabulaire lié aux règles. Et il faut qu'ils l'appliquent. Or, chez les grandes nations de rugby qui nous battent régulièrement aujourd'hui, elles ont certes un plan de jeu général mais leurs joueurs en sortent très souvent et de plus en plus facilement. Nous avons pris le chemin inverse.

Et pourtant, un entraîneur, un sélectionneur, ça devrait servir à quelque chose, non ?

Je pense à Laurent Travers et Laurent Labit. Alors eux, ils démarrent à Montauban où ça n'a pas été facile. D'abord, ils montent en ProD2, atteignent la Coupe d'Europe, ont des résultats en dépit d'une ambiance plombée par une gestion catastrophique, avant que le club coule définitivement pour des raisons financières. Ils vont ensuite à Albi, qui va jouer de très belle manière. Ils atterrissent à Castres et là, avec un effectif correct, ils font deux demi-finales, sont champions et rejouent une finale derrière. Quand ils quittent Castres pour le Racing Métro, regardez ce qui est arrivé à Castres.

Mais surtout, à chaque étape, ils ont engrangé du vécu avec les joueurs, et ça n'a pas de prix. Et ces deux-là, à chaque fois, avec des miettes, il font une pièce montée. En conclusion, on peut penser que ces deux types sont compétents. Car avant d'arriver au Racing Métro, ils avaient déjà eu des résultats avec des joueurs qui n'avaient rien d'exceptionnel.

« Vous avez appris et retenu fort bien les choses les plus compliquées et les plus subtiles du rugby. Vous les exécutez à merveille avec cette rapidité d'exécution qui est innée chez vous. Mais vous ignorez totalement les bases de l'enseignement ; les choses les plus simples vous échappent. Et vous faites des fautes grossières de débutants. »

J'en reviens à Guy Novès qui emmerde les autres entraîneurs du Top 14 aussi. Le pire avec lui, c'est qu'il respecte tellement l'adversaire qu'il ne veut pas se contenter de le battre, il veut le dominer. Et puis, il a toujours un mot gentil pour l'entraîneur adverse, qu'il perde ou qu'il gagne. Il est assez déroutant. Chaque fois que Toulouse perd, ça ne le gêne absolument pas de venir te voir pour te dire que ton équipe a mieux joué que le Stade Toulousain. Il coupe court à toute critique par les victoires.

D'un autre côté, sous ses faux airs d'artisan, il adore qu'on lui tienne tête. En revanche, on ne peut que constater que c'est un fin psychologue. Il y a ce truc qui m'a toujours fasciné chez lui : Toulouse balbutie toujours son rugby au début de la saison mais, arrivé aux phases finales, tout se remet en ordre de marche. Pour avoir cherché à comprendre, en discutant avec les Toulousains qui sont une sorte de secte dans le milieu, c'est, à leur avis, qu'il connaît ses types par cœur. D'ailleurs, il les appelle vraiment « ses » joueurs. Quand ça déconne, c'est qu'il n'est pas en lien avec les joueurs étrangers recrutés par Toulouse. C'est un peu l'inverse de Bernard Laporte. On se demande pourquoi Novès ne joue pas qu'avec « ses joueurs » qui sont ses indéfectibles relais.

En fait, je crois, quand il a reculé devant le XV de France, qu'il voulait juste que le milieu sache qu'on lui avait fait cette proposition et qu'il la refuserait. Il a prétexté qu'il n'aurait pas eu les coudées franches.

Mais en vérité, cette fois, plus que de faire chier la Fédération, il ne se sentait pas d'écourter l'aventure avec Toulouse. Il est très (trop ?) attaché à « ses » joueurs.

Pour moi, Guy Novès, c'est un peu comme Arsène Wenger à Arsenal, Alex Ferguson à Manchester United.

Pour les deux, il n'est pas question de ruiner leur réputation au cas où ça tournerait mal avec l'équipe nationale.

Il a préféré ne pas subir le sort de Philippe Saint-André, de se plaindre, de geindre. Il en a profité pour renégocier son contrat à Toulouse. Le Stade Toulousain, c'est sa maison, son bébé. Et qui a deux maisons perd la raison. Bernard n'a pas hésité à quitter le Stade Français. C'est un peu ce qui distingue les deux plus grandes références du rugby français aujourd'hui. Parce que, pour le reste, il y a beaucoup de points communs.

Tous les deux ont eu une enfance modeste et pensent que l'argent correspond à une sorte de reconnaissance de leur travail, surtout sociale. Après, ils sont rivaux. Ce qui les rapproche, c'est une forme de respect mutuel parce qu'ils ont des parcours de vie similaires. Ils sont partis du bas de l'échelle. Enfants de classes populaires, ils ont tous les deux une revanche à prendre sur la vie. Mais, attention ! Si respect et rivalité cohabitent, les deux veulent gagner.

Je sais que, pour Bernard Laporte, Guy Novès, sans qu'il le méprise, est un homme qui manque d'ambition. Je veux dire par là que sans le prendre pour une truffe, Bernard a été ministre, s'est plu dans des manigances auxquelles Guy Novès ne se prêterait sûrement pas. À l'inverse, il est possible que Guy Novès admire un peu la réussite de Bernard. D'autant qu'ils sont du même bord politique. Pour les deux, ils sont raccord sur le « travailler plus pour gagner plus » de Sarkozy. Mais je sens Guy Novès loyal, honnête. Il refuse l'arrogance. Il aime l'humilité dans le travail. Pour lui, il me semble que tout se mérite. Novès a un côté artisan, patron de PME, Laporte est davantage CAC 40, si vous voyez ce que je veux dire. Sur le strict plan rugbystique, Novès pense qu'il n'a rien à apprendre de personne et il ne faut surtout pas aller sur le sujet avec lui. Parlez-lui d'une équipe ou d'entraîneurs que vous aimez bien, comme Bègles-Bordeaux ou Toulon... vous allez voir. Bonne chance...

Enfin, contrairement à Laporte, il n'est pas du genre à s'enflammer. Et sans doute aussi parce que ça coince un peu au Stade Toulousain en ce moment. Pour lui, être en quart, en demi-finale du Top 14, c'est normal. De mon point de vue, c'est exceptionnel. En fait, il est un peu comme Jonny Wilkinson, il a aussi une grande capacité à se remettre en question. Je crois que le moment de le prouver est arrivé pour lui. En fait, j'aurais beaucoup aimé travailler avec lui. Mais c'est trop tard. Mes copains de Toulouse m'ont toujours dit qu'il aimait ses joueurs bien au-delà du simple cadre professionnel. On peut lui dire les choses comme on les pense. Il est dur et extrêmement présent à la fois.

C'est un peu le père dont on n'arriverait pas à se défaire parce qu'il est droit, même s'il casse un peu les couilles. C'est aussi pour ça qu'il m'aurait plu de faire un bout de chemin avec lui. On doit apprendre des choses sur soi. Et puis, j'aime bien les hommes de terrain comme lui.

Pour autant, il n'est pas dit qu'il soit arrivé à obtenir dans un autre club ce qu'il a obtenu à Toulouse. J'allais dire, comme Bernard Laporte à Paris puis à Toulon, pour d'autres raisons, dans d'autres logiques. Il a toujours su bien s'entourer. Lui, qui n'est pas un type moderne, a bénéficié du travail de techniciens qui étaient là avant lui, comme Villepreux, ou après lui, comme Yannick Bru. Il en reste ce truc de la formation qui est beaucoup plus importante à ses yeux que le résultat d'une saison. Il n'y a pas un joueur au-dessus d'un autre. Les internationaux du Stade Toulousain le deviennent grâce au groupe, au club, ils le savent, et c'est ce qui les retient à Toulouse. C'est leur force en équipe de France.

« Une équipe de rugby est composée de huit joueurs forts et actifs, deux légers et rusés, quatre grands et rapides et un dernier, modèle de flegme et de sang-froid. N'est-ce pas là la proportion idéale entre les hommes ? »

Qui que tu sois, quel que soit l'entraîneur, aucun joueur n'acceptera l'explication censée justifier sa non-sélection en équipe nationale ou en club. Si tu te sens dans le coup, en forme, maître de tes moyens, aucune justification d'un entraîneur ne te semble compréhensible. Quand ils choisissent un joueur plutôt qu'un autre, c'est souvent une histoire de ressenti. Un entraîneur te donne rarement une explication concrète. Ce qu'il voit chez un autre joueur, tu te dis toujours que tu le possèdes aussi. Bon, quand tu ne sais pas faire une passe, c'est vite vu.

Mais sinon ? Quand cela m'est arrivé, je ne comprenais pas, ce n'était pas rationnel.

Une équipe, c'est une globalité. Une somme d'individus ne fait pas une équipe, même une équipe de football. En club, c'est simple, soit tu l'acceptes, soit tu vas voir ailleurs.

Mais en équipe de France, voilà le souci, tu n'as pas le choix. Et c'est très difficile de rallier un entraîneur à sa cause même quand il a voulu tenter l'expérience avec toi. J'ai remarqué que, bien souvent, la première impression d'un entraîneur sur un joueur était la bonne. Je veux dire qu'il peut se gourer, mais il ne reviendra pas sur son premier feeling.

Ça vaut pour un entraîneur de club comme pour un sélectionneur. Quand des matchs difficiles approchent, il en revient toujours à ses premières convictions. Par exemple, Philippe Saint-André, qui est allé chercher des joueurs dans tous les recoins de la France, sait déjà avec qui il ira à la Coupe du monde. Il est comme les autres, il n'aime pas se désavouer. Alexandre Dumoulin est dans ce cas de figure. Il jouera la Coupe du monde, c'est certain. Il a été choisi dès le départ, envers et contre tous. Il le préservera. Il a ses raisons personnelles. Rémi Talès, qui n'est pas le meilleur demi d'ouverture en France, sera dans le groupe et Wesley Fofana sera titulaire parce que tous les deux ont sa vision du rugby. C'est le choix du roi, on ne revient pas en arrière. À l'étranger, c'est un peu différent culturellement. En Afrique du Sud ou même en Nouvelle-Zélande, le système est « participatif ». En gros, l'entraîneur propose un projet aux joueurs. C'est très positif selon moi. C'est un système avec un patron et des leaders de jeu qui font le relais. C'est plus transversal. Je pense que Richie McCaw est autant entraîneur-sélectionneur que le staff. En tout cas, les leaders sont consultés. En France, je ne pense pas. Toute décision vient d'en haut. C'est dommage.

J'ai fait une pige à l'étranger. Le problème, c'est que ce n'est pas simple pour un joueur français. L'idée était d'aller confronter mes habitudes à ces autres manières de penser, d'utiliser mon jeu dans une culture différente, humainement aussi. Je voulais faire le saut dans l'inconnu. Mais les clubs étrangers recherchent chez les Français ce grain de folie qui nous caractérise, cette créativité qui est la nôtre, mais qui commence à nous faire défaut. Ils aiment les joueurs qui font des trucs incroyables au moment où on s'y attend le moins. Or, maintenant qu'ils ont fait leur propre révolution, on est peut-être moins intéressants qu'auparavant. Les Anglais, les Néo-Zélandais, voire les Sud-Africains, avec l'apport des métis et des Noirs, comblent largement les qualités qu'ils prêtaient aux Français.

Je dis révolution parce qu'un international anglais devenu un ami me disait que nous réussissions nos matchs les plus accomplis dans les situations les plus désespérées parce que nous avions fait la Révolution justement, que les Français avaient coupé la tête du roi et qu'ils ne supportaient pas l'autorité. Que nous avions cette capacité à nous rassembler uniquement, mais de façon très impressionnante, quand tout allait mal. Tandis que, me disait-il, les Anglais sont plus dans le rang, dans la reproduction.

Les Français sortent du rang, se battent contre leurs chefs. Nous passons pour des excentriques aussi, parce qu'avec un ballon qui traîne, on est capables des plus grandes choses. De Gaulle est de cette trempe. Il était le seul à y croire, contre tous. Et c'est vrai que dans notre culture française, il y a un respect pour les rebelles à l'autorité. C'est l'essence des héros. Même aux entraînements, nous essayons toujours d'esquiver le truc qui nous fait suer. Nous négocions tout le temps. Alors qu'en Angleterre, non. On ne négocie rien.

Mais le talent a besoin de la rigueur. C'est là où ça devient intéressant. Sauf qu'atteindre cet équilibre, c'est plus compliqué pour les Latins. Et la rigueur, j'ai l'impression que ça se perd. Depuis quatre ou cinq ans, je dirais, on sent bien qu'il y a une uniformisation du jeu. La France en est même à rechercher des joueurs qui sont habitués à la rigueur ou qui savent ce que cela implique naturellement. Ce qui explique en partie l'importation de joueurs sud-africains qui ont des qualités physiques importantes parce qu'ils les travaillent dès leurs plus jeunes années. Rory Kockott, Anthonie Claassen, Scott Spedding, Bernard Leroux, tous ces mecs, c'est de la discipline. Ce ne sont pas d'incontrôlables bonshommes comme Juan Martin Hernandez ou François Trinh-Duc qui sont capables de trucs délirants et sublimes.

« Un match de rugby, c'est comme si tu allais à la guerre. Comme si j'allais me battre pour mon pays. »

Les gestes les plus poétiques et farfelus sont réalisés par les Néo-Zélandais. Eux, ils ont un peu tout. Ils ont la rigueur de l'Afrique du Sud et cette folie héritée des Fidjiens. Ce n'est donc pas pour rien qu'ils dominent le rugby mondial. Cela dit, les cahiers de jeu des techniciens néo-zélandais sont épais comme des dictionnaires. Je suppose que les joueurs les lisent et les digèrent. Mais ça ne les empêche pas d'avoir le trait de génie, tout d'un coup, qui fait la différence. Et nous, comme les Argentins, nous sommes un peu condamnés à l'exploit, à l'impensable, en fonction de nos talents et de la mission que l'on se fixe ponctuellement, de la cause que l'on veut défendre, un match après l'autre.

Au point où nous en sommes, comme le Top 14 est un peu le centre du monde ovale, il ne serait peut-être pas idiot que la Fédération nomme un entraîneur néo-zélandais à la tête du XV de France, pour voir. Je pense que des types comme Vern Cotter ou Robbie Deans ne refuseraient pas. Ça changerait nos relations avec le staff, nos habitudes, et eux ne seraient pas pris dans les querelles de chapelle, les conflits d'intérêt. Et les joueurs, je crois, comprendraient peut-être plus facilement ce que bien jouer au rugby impose comme rigueur, avant de trouver du plaisir. Cette suggestion n'engage que moi. À bon entendeur...

**SEAN ETERNOS LOS LAURELES
QUE SUPIMOS CONSEGUIR...
QUE SUPIMOS CONSEGUIR.
CORONADOS DE GLORIA
VIVAMOS
O JUREMOS CON GLORIA
MORIR !
O JUREMOS CON GLORIA
MORIR !
O JUREMOS CON GLORIA
MORIR !**

**« Montaigne est l'inventeur du rugby.
Il a écrit *Les Essais.* »**

Bernard Lapasset est un fin politique.

La réussite du Stade Français à partir de 1998 lui a donné des idées. En nommant Bernard Laporte manager du XV de France, il a fait le choix de la médiatisation de son sport. Il avait déjà en ligne de mire la Coupe du monde 2007, et le battage qui a été fait autour du XV de France après sa défaite à la maison contre l'Argentine, lors du match inaugural, a dépassé toutes ses espérances. Les deux ont tiré leur épingle du jeu : Bernard Laporte a pu faire de l'argent et asseoir sa notoriété grâce à l'équipe de France, Bernard Lapasset a pu viser d'autres responsabilités à l'International Rugby Board, tandis que la Fédération continuait d'être gérée par des gros papys en pantoufles.

Le grand talent de Bernard Lapasset, c'est la diplomatie de couloir. Autour d'une table, je ne sais pas trop comment il se comporte, mais il n'est pas du genre à froisser les Anglo-Saxons, bien au contraire. Il est même peut-être le seul dirigeant français à s'être fait accepter par les Anglais et leur clique.

Sa technique, c'est plutôt les halls et les bars d'hôtel. Là, il retrouve les dirigeants auprès desquels il fait passer ses idées, il les amadoue, leur paie des whiskys et plaisante. Il les prend par les sentiments. « Ah ! Votre femme, vos enfants, etc. » Il se rend sympathique et inoffensif. Je dis « politique », mais en fait, à la Fédération, tout est politique.

Le choix des entraîneurs est politique. De ce point de vue, avec Bernard Lapasset et Bernard Laporte, au moins, ça avait de la saveur, ils avaient de l'énergie, ils avaient des couilles. Ce ne sont pas de grands démocrates, mais ils s'imposent. C'est-à-dire qu'ils font leur truc dans leur coin.

Après la Coupe du monde 1999, Lapasset aurait déclaré qu'il déciderait seul, sans consulter personne, qui serait le successeur de Jean-Claude Skrela. À ce moment-là, la trentaine de membres du Comité directeur n'a pas bronché. Pas un n'a émis le moindre avis. Silence dans les rangs. En 2003, tous ces braves gens ont été conviés à assister aux phases finales de la Coupe du monde en Australie, aux frais de la princesse *of course*. Ils arrivent et l'équipe perd contre l'Angleterre, puis contre les All Blacks lors de la petite finale. Et là, tout d'un coup, parce que ça leur gâche leurs vacances, ils veulent virer Laporte. Sauf qu'avant ça, la France avait fait un bon parcours. Du coup, le président reconduit Laporte. Là encore, pas un bruit du côté des touristes du Comité directeur.

À la Fédé, quand on a soixante ans, on est un petit jeune. Le rugby français est géré par des vieux et, rassurez-vous, tout va bien pour eux : ils sont bien logés et bien nourris. Grand bien leur fasse ! Faut pas s'étonner si ça ne bouge pas dans les rangs. Les dirigeants, quand on est joueur, on les voit dans l'avion. Nous sommes à l'avant et eux juste derrière. On les entend ronfler, c'est touchant. Le seul qui vient un peu discuter avec nous, c'est le président.

Pour moi, c'était Lapasset d'abord, Pierre Camou ensuite. Parfois, on a aussi la visite du trésorier. Lapasset et Camou, ce sont les deux dirigeants les plus proches des joueurs, je me suis jamais vraiment expliqué pourquoi eux particulièrement, peut-être que c'est la fonction qui veut ça.

En revanche, on nc connaît aucun des autres, même s'ils n'oublient jamais d'aller au banquet. Quand tu es joueur international, tu t'en fous, ils font partie du décor. À la limite, ça nous fait rire de voir comment ça fonctionne. Les places sont chères à la FFR, alors les mecs ne font rien, ne changent rien. Surtout ne pas se faire remarquer. Personne ne veut perdre sa place. Et globalement, derrière le président et le trésorier, c'est toujours le même cercle de notables de province, les vieux des comités régionaux. Pour moi, la FFR est gérée comme une amicale. Le temps s'est arrêté dans les années 1970, c'est devenu une sorte de musée vivant du rugby de clocher.

Il y aussi les cadres de la Fédération. Comme Jean-Claude Skrela, l'ancien DTN en chef... Lui, il n'est plus du tout à la page. Il s'est mis dans le rugby à VII alors qu'il n'y a jamais joué, mais au moins il a trouvé là un moyen de garder un poste vu que la soupe est bonne et qu'on lui a ménagé une place jusqu'aux jeux Olympiques de Rio en 2016. Où l'équipe de France n'est pas du tout sûre d'être qualifiée, soit dit en passant.

Il y a de sacrés lascars dans ce milieu. Je veux dire, Jo Maso, Jean-Claude Skrela, Serge Blanco, Jean-Pierre Rives, Pierre Villepreux, ça a une vraie valeur à l'international. Ça a de la gueule, non ? Ils pourraient faire d'excellents ambassadeurs. Pour la transmission de ce qu'est le rugby français, pour la com' et pour faire joli sur les photos, ils ont leur utilité, mais de là à leur donner des fonctions de responsables à la Fédération, surtout pendant aussi longtemps... Rives et Skrela, qu'est-ce qu'ils ont à proposer à un jeune joueur d'aujourd'hui ? Un atelier sculpture ? Une reconversion dans le rugby à VII ? Il faut savoir passer la main. Pareil pour les administratifs, les dirigeants, que ce soit à la Fédé ou dans les comités. C'est bon, les gars, vous avez assez voyagé, votre femme ou votre « jeune amie » en a bien profité aussi, et vous avez suffisamment bouffé et picolé, non ? Inutile de faire ces yeux ronds et de jouer les offusqués, je vous regarde, vous savez... Je vous vois... Et c'est pareil à la Ligue où l'on va de réunions en déjeuners, de matchs en dîners, de conférences en hôtels.

Évidemment, aucun jeune entraîneur ne pourrait refuser d'être nommé sélectionneur. Ça été le cas de Marc Lièvremont que Lapasset a choisi en personne, notamment pour faire taire les critiques. Après les remous dans les médias créés par Laporte à cause de ses affaires et de la politique, il voulait un type lisse, un joueur exemplaire, modeste, qui ne carbure pas qu'à l'argent, un mec irréprochable.

On sait déjà que Serge Blanco sera président après Pierre Camou. Il est vice-président et Camou était le vice-président de Lapasset. Blanco est plein de défauts, mais je préfère que ce soit lui plutôt qu'un autre. Voilà, c'est de la politique, encore une fois. En termes d'image, Blanco, c'est quelqu'un. Tandis que Bernard Lapasset, Pierre Camou, ce ne sont pas vraiment des stars. Je sais que Blanco ne sera pas parfait, mais ses prédécesseurs n'ayant pas fait grand-chose, il ne pourra pas faire pire.

Quand ils s'installent, ils ont tous des idées, des convictions, mais ça ne dure jamais longtemps. Au bout d'un moment, ils perdent leur motivation. La petite flamme du début, qui n'était déjà pas bien vaillante, s'éteint. Quand il n'y a plus de carotte, on se démène moins. Il y a aussi un aspect générationnel qui compte énormément. À mon âge, je ne comprends pas que ces gens puissent encore raisonner comme dans les années 1970 ou 1980. La FFR a besoin de chefs d'entreprise, pas de recycler des anciens joueurs, des vieux présidents de comités ou de clubs. Et dans les clubs, c'est la même chose.

Pierre Camou est un homme adorable. À tous points de vue. Mais il ne dit jamais rien. Il ne parle pas. Depuis deux ans, on ne l'a pas entendu broncher, il n'y a pas eu un seul coup de gueule. Même en interne. Et pourtant, on ne peut pas dire que tout marche à merveille, que notre rugby soit étincelant. On a l'impression que le seul à ne pas avoir remarqué qu'on est dans la mouise, c'est le président de la Fédé. C'est étonnant qu'un président ne s'exprime jamais alors que la vitrine de notre sport, c'est l'équipe de France, et pas les clubs comme dans le football. On dirait qu'il n'a pas de poids.

En tout cas, il n'a peut-être pas de charisme mais il a de la bouteille. Son grand plaisir consiste à déboucher un bon Bordeaux, à discuter à table, au bar, et à se promener en costard et en sandalettes à Marcoussis. C'est un homme qui a de l'esprit, qui est cultivé, mais la convivialité, le consensus, mettre les problèmes sous le tapis, ça a ses limites. C'est pour cela qu'après Bernard Laporte et tout le ramdam de 2007, la Fédération a recherché le consensus, la paix, le calme avec Marc Lièvremont, puis Philippe Saint-André...

Avec ceci de terrible pour Philippe Saint-André qu'il n'est qu'un second choix après Novès et que son message est inaudible pour les joueurs comme pour la presse. Il se contredit tout le temps. Et comme on lui a collé Serge Blanco dans les pattes, on ne sait plus qui fait quoi, qui décide, mais les micros qui ont des oreilles se dresseront toujours plus facilement vers Blanco que vers Saint-André.

Ajoutons que travailler dans la défaite, c'est très dur.

Et si la France fait une mauvaise Coupe du monde, ce sera la faute de Saint-André.

Si elle la gagne, ce sera grâce à Blanco qui deviendra président de droit divin.

« Si vous gagnez, tant mieux ! Si vous perdez, tant pis ! Mais s'il y en a un parmi vous qui baisse les bras, j'estime qu'il ne sera plus digne de jouer avec l'équipe de France. »

Il y a bien un poste qui devrait combler cette absence de parole présidentielle, c'est celui de « responsable de la communication ». Sauf que le nôtre ne communique rien. Nada. Que dalle. Jamais un titre n'a été aussi mal porté. Jo Maso, avec Bernard Laporte, faisait au moins quelque chose : il annonçait l'équipe. Avec Marc et Philippe, plus rien.

Jo Maso est là depuis 20 ans, il a été payé par Adidas, puis par Nike, il surfe sur toutes les vagues et personne ne lui dit de dégager.

Alors qui d'autre ?

Fabien Pelous ?

C'était un capitaine exemplaire, dans le sens littéral du mot : il montrait l'exemple. Je n'ai pas le moindre souvenir d'une causerie de sa part, il n'avait pas ce truc spécial pour transcender une équipe, mais sur le terrain, il envoyait du lourd. Mais il doit aussi être capable de faire qu'une équipe joue au-delà de son niveau. Il a sa place pour épauler un sélectionneur.

Si Fabien Pelous l'ouvrait en conférence de presse, les journalistes la fermeraient. Il en impose.

Thierry Dusautoir est un peu dans le même genre. Il a appris à communiquer ses sentiments sur le tard. Par nature, c'est quelqu'un qui parle peu, même en dehors du rugby si l'on ne fait pas partie de ses proches. Mais il a décidé, à un moment donné, qu'il fallait sortir de ce mutisme. Thierry Dusautoir, lors de la Coupe du monde 2011, a pris la barre du navire. Un bon capitaine est un capitaine rigoureux, irréprochable sur le terrain et en dehors, et il est à 200%. Thierry Dusautoir a ces qualités et je trouve qu'il s'exprime avec beaucoup de clarté, de décence, de dignité.

Mais, surtout, la première qualité d'un bon directeur de la communication, c'est un tempérament de manager. Le mec doit jouer un rôle actif en interne comme en externe. C'est par exemple à lui, et pas au staff, d'aller au casse-pipe en conférence de presse pour défendre le sélectionneur. Même s'il faut reconnaître que, parfois, c'est mission impossible.

Raphaël Ibañez serait capable de tenir ce rôle, il parle bien et il est capable de tout faire à la fois. Il est tout à fait dans le moule de la Fédération, c'est un malin. Personnellement, je le préfère à Bordeaux où il fait du très bon boulot. Je veux dire : quand il s'occupe de rugby, il est bon. C'est un mec intelligent qui sait exactement où il veut aller.

Il a certainement été un très grand joueur et, en vieillissant, il a su se faire apprécier. En 2007, il était capitaine, mais n'avait pas un crédit illimité non plus par rapport à la concurrence. Un joueur peut savoir jouer de son aura, c'est son cas. C'est quelqu'un qui sait se placer. Comme quand il est devenu le toy-boy de Roselyne Bachelot au ministère des Sports – au moins ça nous aura tous bien fait marrer. Ne rigolez pas, c'était un vrai job, qui consistait apparemment surtout à amener la ministre dans les vestiaires pile au moment où on prenait notre douche. Elle était contente, Roselyne. Y a pas de mal à se faire du bien. Il n'en reste pas moins qu'Ibañez est devenu un très bon manager. Il a un vrai talent pour dire à ses interlocuteurs ce qu'ils veulent entendre, il est un peu patelin, juste ce qu'il faut, il a les médias dans la poche et il faut reconnaître qu'il sait très bien travailler. Disons que, dans le rugby, c'est un peu comme dans l'art. Il y a de grands artistes qui ne savent pas se vendre et qui n'auront jamais la consécration qu'ils méritent, et d'autres qui ont moins de talent mais qui sauront comment s'imposer. Et comme au niveau de la Fédération, il faut savoir se faire apprécier d'un certain nombre de gens, il vaut mieux appartenir à la seconde catégorie. Vous remarquerez que les candidats qui ont une chance de récupérer le poste de sélectionneur après Saint-André sont quasiment tous des consultants. Je dis ça, je dis rien.

Il faudrait que ça change, bien sûr. Je ne peux pas imaginer une seconde qu'on ait un nouveau sélectionneur et que rien ne bouge. Je refuse d'y croire. Je suis sûr que la Fédération choisira un caractériel comme prochain sélectionneur.

Après Marc et Philippe, il faut un disjoncteur électrique.

Je n'en vois qu'un : Fabien Galthié.

Il est brillant. Ses qualités d'entraîneur sont indiscutables, tout le monde en convient. Mais il est insupportable. Humainement, il est imbuvable. Partout où il est passé, tout le monde le déteste. En équipe de France, au Stade Français, à Montpellier, il a traumatisé tout le monde. J'ai joué avec lui longtemps. Il est affreux. Il a toujours dit qu'il ne supportait pas la médiocrité et il est logique avec lui-même. Je veux dire qu'il s'impose à lui-même ce qu'il attend des autres, de l'audace, de l'ambition, de l'orgueil. Mais sa façon de s'adresser à toi va parfois au-delà du dédain.

Je n'en dirai pas plus.

Mais putain, quel joueur ! Quel entraîneur ! C'est le genre de pervers qui te pose une question dont il connaît la réponse, juste pour voir si tu captes... Il te teste. C'est un manipulateur.

En 1999, il s'est approprié les victoires contre l'Argentine puis contre les All Blacks, mais d'après ce qu'on m'a raconté, il n'a été qu'un élément parmi d'autres. En fait, Fabien Galthié avait été vexé d'être le troisième choix durant cette Coupe du monde. Il était titulaire les années précédentes et n'a pas compris son éviction. En 1997, il se blesse au genou et il est remplacé par ce dingo de Philippe Carbonneau, qui n'était d'ailleurs pas un peintre. Mais contre les Springboks en tournée en France, Fabien est rappelé, et c'est logique vu qu'il est certainement le meilleur. Sauf que la France prend deux raclées. Lapasset en personne aurait demandé sa tête, il n'en voulait plus. Pourtant, il n'est pas plus responsable que les autres des 50 points encaissés à Paris. En fait, Lapasset le taille parce que Galthié se fait intercepter sur une action. Tu parles ! Les Springboks étaient chargés comme des mules. Il reviendra quand même en 1998, mais ne supportera pas d'être la doublure de Carbonneau. Il se désolidarise tout seul du groupe, les relations avec les entraîneurs s'enveniment. Skrela le punit. Il ne reviendra qu'en 1999, à la faveur de la blessure des autres demis de mêlée, et, bien sûr, il en fera des caisses pour montrer qu'on n'aurait jamais dû l'écarter. Depuis, il pense sans doute toujours qu'il n'est pas reconnu à sa juste valeur. Il rumine, il veut constamment démontrer qu'il est le meilleur. Aujourd'hui, il veut l'équipe de France, c'est certain. C'est un solitaire, un individualiste, le genre qui veut tout faire tout seul. Je pense que c'est le meilleur pour le poste. S'ils lui filent l'équipe de France, je pense qu'il va être génial, que ça va être terrible. Ce serait tellement excitant !

Je ne sais pas si Serge Blanco, ou un autre, aura ce courage-là, mais ça vaudrait le coup. Ce qui est certain, c'est que cette nouvelle lubie de la Fédération – lancer un appel d'offre aux entraîneurs – me paraît être une belle connerie. Ça met les candidats dans une position ambiguë. Est-ce qu'on sera choisi pour le travail accompli ou pour sa capacité à séduire ? Et puis, des bons techniciens, en France, ça ne court pas les rues, on les connaît.

Il est évident aussi qu'au final, c'est le président qui décidera. On est toujours dans une gouvernance hyper personnalisée. Et ce n'est pas près de changer. Regardez les deux candidats déclarés à la présidence de la FFR, Serge Blanco et Bernard Laporte. On ne peut pas dire que ce soit l'altruisme qui frappe en premier chez eux, si ?

« Serge Blanco, il suffit qu'il mange du saucisson pour que j'en veuille aussi, au cas où ça donnerait du génie. »

Si c'est Blanco, qui gagne, vous pouvez être certains qu'il sera le garant des petits privilèges existant à la Fédération. Nos amis les vieillards peuvent continuer de roupiller tranquilles. La maison de retraite leur offrira toujours gîte, couvert et oreiller.

« Aujourd'hui les gars, vous avez de la merde devant les yeux ! Derrière, j'ai les frangins à Ray Charles ! Devant, j'ai les frangines à Gilbert Montagné. »

Ça, c'est du Bernard Laporte. Je vous en remets encore un petit coup, histoire de vous mettre bien dans l'ambiance :

« Je veux pas que tu joues perso !
Je veux que tu joues avec tout le monde, putain !
La partouze, pas la branlette !! »

Il est là mon Bernard ! Avec Laporte, il y aura le risque qu'il fasse tout valser.

Le premier va gagner, l'autre perdra parce qu'il veut filer un grand coup de balai alors que, bien sûr, personne ne veut prendre le risque d'être balayé. Cela concerne trop de monde. Trop de petits privilèges sont en jeu. Médiatiquement, Bernard Laporte, ce serait autre chose, il serait en première ligne et défendrait ses choix, mais il ne pourra s'empêcher d'intervenir sur le plan sportif même si, tout le monde le sait, Serge Blanco ne laisse pas sa part aux chiens quand il s'agit d'interférer.

On l'a vu sur le dernier Tournoi, les consignes ont changé du tout au tout. L'équipe s'est mise à relancer des ballons des 22 mètres, un truc qui était interdit jusque-là. Blanco, pour moi, c'est une blague. Il a déjà foutu le B.O. au trou alors qu'il bénéficiait des largesses de Serge Kampf. C'est triste à dire, mais Blanco fait rire les joueurs de l'équipe de France. OK, on est volontiers moqueurs, on chambre facilement, mais avec lui le gap culturel est abyssal. L'homogénéité d'un groupe, ce n'est pas en la proclamant qu'elle se produit. On n'est plus sur la même planète. C'est tout juste si on parle la même langue.

Entre la réalité des internationaux d'aujourd'hui et sa façon de voir et de vivre le rugby, c'est comme comparer le Minitel à Facebook. La cérémonie de remise des maillots fait pouffer les joueurs.

Un petit conseil pour la route, Serge. On ne s'adresse pas à des professionnels comme à des amateurs. Arrête de nous prendre pour des gamins.

Blanco est un peu à l'image de ce qu'il est, un notable de province qui mettrait des chaussettes de tennis blanches avec des Weston ou qui se la pète dans son survêt du dimanche. Par exemple, une de ses idées brillantes, quand il est arrivé pour « épauler » Philippe Saint-André en équipe de France, a été d'imposer aux joueurs de rester à table vingt minutes après la fin du repas. On peut dire que ça a été une grande réussite.

Ça a fait chier tout le monde et ça a plombé l'ambiance. On se serait cru à des funérailles. Quelque part, c'en était.

Si l'un des joueurs veut appeler sa fille le soir pour lui parler un peu, il préférerait pouvoir le faire avant neuf heures. Déjà que les mômes, on ne les voit pas trop... Sauf que si tu décides de te lever et de quitter la table parce que tu as autre chose à faire, tu passes pour le vilain petit canard. C'est comme changer les réservations des chambres au dernier moment pour que les joueurs se mélangent, c'est une gigantesque connerie...

Tout ça, c'est de la branlette, de la fumisterie. Non seulement ça n'apporte rien mais c'est même carrément contre-productif, surtout quand tu laisses les caméras de télévision tourner, histoire de faire un show autour de tout ce cirque. Et puis se déclarer candidat à la présidence et en même temps se « rapprocher » du groupe, ça ne fait pas un peu beaucoup pour un seul homme ? L'omniprésence, au bout d'un moment, ça devient suspect.

« Une sortie de mêlée, c'est avec le recul des images de jeunesse, une entrée dans la vie. »

La jeunesse, la vieillesse, la relève. Serge Blanco est un indécrottable nostalgique et il aimerait tant que les joueurs jouent aux cartes ensemble à la veillée ! Sauf qu'aujourd'hui, une partie de Playstation à quatre dans une chambre, c'est un peu la même chose. Ça ne fait pas de nous des autistes. Et puis, Saint-André, Blanco, Lagisquet, ça ressemble à s'y méprendre à une vieille bande de copains qui veulent continuer à se raconter leurs histoires d'anciens combattants.

Bernard Laporte a raison sur le fait qu'il faudrait fixer des élections à des dates régulières et changer le staff à chaque échéance. Un peu comme dans la vie politique, à condition d'aller au bout de ses idées.

Les Anglais ont eu ce courage-là. Après la crise financière de 2008 qui ne permettait plus aux clubs de vivre sur le même train, ils ont eu les couilles, eux, d'affirmer que l'équipe nationale serait désormais la priorité, qu'ils se passeraient des étrangers et qu'ils formeraient leur propres joueurs.

Ils ont serré les budgets et n'ont rouvert le capital des clubs que récemment, une fois les finances assainies.

De plus, la Fédération contrôle qui joue, où et comment.

Certes, ils sont moins concurrentiels en Coupe d'Europe, mais au niveau international, ils ont pris une sacrée avance et leur Championnat est attractif. Ils se sont rapprochés de leur public traditionnel, c'est-à-dire que le rugby est très ancré localement en Angleterre et que les spectateurs sont ravis de voir évoluer dans leur équipe le gamin du coin qu'ils connaissent. De fait, le public est là. Les Anglais adorent jouer entre eux.

« Dans le milieu du rugby, on parle souvent très fort. C'est ainsi que je me suis rendu compte que nous étions tous très sourds. »

Pour tout un tas de raisons, j'aurais adoré que Max Guazzini devienne président de la Ligue. Pour la Fédération, faut pas rêver : ils sont trop attachés au fait qu'il vaut mieux un ancien joueur, de préférence un international. Même un joueur de Fédérale, à la limite. N'importe qui plutôt qu'un type qui fait dans le show-business et qui organise des parties fines chez lui. C'est ce qu'on raconte en tout cas.

Pour moi, la fonction de président n'a rien à voir avec l'obligation d'avoir été joueur. Mais bon, c'est comme ça.

Max connaît très bien les exigences des médias et de la télévision en particulier. Les droits télé, la communication, la mise en scène générale du Championnat : je pense qu'il serait le mieux à même de défendre les intérêts du rugby français. Cet homme est capable de rendre sexy un produit périmé. Max ne s'occupe pas que d'argent, il adore mettre la main à la pâte.

Il valoriserait le Top 14. Le rugby redeviendrait glamour.

À condition, évidemment, de lui laisser la liberté d'aller au bout de ses idées et de ne pas brider sa créativité, sa fantaisie. Là, à la Fédération, on dirait qu'on lui a trouvé un poste « pour services rendus » à la patrie du rugby. Ça ne lui ressemble pas.

Max Guazzini et Serge Blanco, ce n'est pas un couple harmonieux. L'un a toujours été tourné vers la jeunesse et son besoin de briser les conventions, l'autre vers une forme de sacralisation des valeurs du rugby comme une religion immuable, la fierté du maillot, l'honneur, le respect, tout ça... Des conneries !

Si rien ne bouge, c'est aussi parce que le rugby français n'est pas gouverné par la Fédération mais par le trio Rives-Kampf-Blanco. Les deux premiers n'ont jamais exercé aucun mandat officiel, n'ont jamais été élus, mais ce sont eux qui ont le pognon, grâce à Capgemini et leurs réseaux d'influence. Serge Kampf a sauvé des eaux des clubs promis à la descente aux enfers : le Biarritz Olympique, bien sûr, dont Serge Blanco était le président ; Grenoble, puisque sa première société, la Sogeti, y a été créée. Kampf a aussi tenté de sauver Bourgoin et même le Stade Français avant l'arrivée de Thomas Savare. C'est un homme formidable, le rugby français lui doit beaucoup, mais il me fait de la peine. En disant ça, je ne veux pas dire que l'homme me fait pitié, mais la situation qu'il a créée est pénible à observer. Ces amitiés qu'il était venu chercher dans le rugby, ce sport et ces hommes qu'il aime sincèrement, il les doit à l'argent. À son argent. C'est quelque chose de terrible. J'imagine, quand tu veux aider des gens à faire ce qu'ils ont vraiment envie de faire, ce que ce doit être de te rendre compte qu'en fait, certains ne font que vivre à tes crochets. Tu dois tomber de très haut ! Le pire, c'est que Serge Kampf est loin d'être un imbécile et qu'il n'est pas dupe. Il sait qu'il entretient des anciens joueurs qui n'ont pas vraiment réussi autre chose que de savoir s'entourer et abuser de sa gentillesse. Serge Blanco a été largement aidé par Kampf, mais bon, au moins, il a travaillé sur ses projets, les fringues, la thalasso. Jean-Pierre Rives, il lui a donné une cote sur le marché de l'art en achetant ses sculptures à ses débuts. Elles ne valaient pas grand-chose au départ mais, en fin de compte, ses œuvres se vendent et s'exposent dans le monde entier. En rugby, Grenoble et Biarritz ont obtenu des résultats.

On ne peut tout de même pas empêcher un homme de dépenser autant d'argent sans réclamer aucune contrepartie. Mais il aurait été correct de la part de ses amis de ne pas en abuser. La nature humaine fait froid dans le dos, parfois... Quand un pote m'a raconté que Denis Charvet lui avait réclamé un billet et un séjour tous frais payés pour assister à la Coupe du monde en Nouvelle-Zélande et avait finalement décommandé au dernier moment tout en lui demandant s'il était possible de lui reverser sur son compte en banque l'argent du voyage, j'ai trouvé ça carrément pitoyable. Et vous savez quoi ? Comme son deal a été refusé, Charvet a changé d'avis et s'est résigné à profiter du voyage en Nouvelle-Zélande. Par peur de tout perdre ? C'est un peu triste.

Ce qui est curieux avec le personnage de Serge Kampf, c'est qu'il ait toujours voulu rester dans l'ombre. Bien sûr, avec sa fortune, il n'a pas besoin de se montrer, mais Max Guazzini ne s'est jamais caché de ce qu'il faisait. Il a été président d'un club et a su imposer son style. Est-ce un excès de prudence chez l'un, de narcissisme chez l'autre ? En tout cas, les deux ont un point commun, ce sont des hommes seuls. Kampf sans doute plus encore que Max. Mais c'est de sa faute. Chaque année, je reçois, comme sûrement plus de trois cents joueurs, anciens et actuels rugbymen, une boîte de chocolat de luxe pour Noël ; d'autres reçoivent des grands crus, d'autres encore... je ne veux pas le savoir.

« C'est une raison de se retrouver entre copains, de transpirer et de boire de bons coups : en somme, passer une belle jeunesse et profiter intelligemment de la couillonne de vie. Le rugby,

ça forge le caractère, ça abîme les oreilles et ça vous donne une belle soif. »

J'ai joué pour les Barbarians français, dont Kampf est le bienfaiteur, et j'ai reçu comme tout le monde une enveloppe avec du cash.

Je n'ai pas eu de scrupule à la prendre : après tout, j'avais joué. En plus, pour l'aventure humaine et sportive, c'est vraiment une expérience excitante. Porter ce maillot représente quelque chose d'important pour moi. L'esprit me plaît beaucoup. Mais si tu viens là et que tu te gaves sans rien foutre, c'est un peu plus gênant.

Les Barbarians, Grenoble, le Biarritz Olympique, Serge Kampf veut vraiment les voir vivre. Le malaise vient du fait qu'il laisse trop de gens profiter de la situation. C'est tout à son honneur d'avoir fait ce qu'il a fait pour le rugby français, mais c'est difficile de construire des choses solides en agissant de la sorte. Jacky Lorenzetti a lui aussi beaucoup d'argent. Mais il ne s'en sert pas de la même façon. Il gère son entreprise. Et il la gère de très près.

Lorenzetti sait dire « non ». Kampf, je n'ai pas l'impression qu'il sache. Je ne crois pas qu'il ait été remboursé humainement à la hauteur de ce qu'il a distribué. Avec certains, bien sûr, c'était donnant-donnant, mais beaucoup ont abusé. Les primes chez les Barbarians ont même fini par être supprimées parce que certains ne venaient que pour ça. Pour moi, c'était évident qu'il fallait y aller pour le plaisir. Pour rencontrer d'autres joueurs, jouer un rugby sans pression. Et ça, c'est du bonheur.

En France, les Barbarians, par définition, ce n'est pas un endroit où tu fais du business. Ça devrait être une bulle, justement, où l'on se débarrasse de tous ces problèmes de fric qui font désormais partie du rugby. Là encore, les Anglais se distinguent de nous. Pour eux, les Barbarians sont un business comme un autre. Les billets se vendent et les joueurs se contentent de faire exactement ce qu'on leur dit de faire. Le job, tout le job, rien que le job.

Serge Kampf a une conception du rugby qui date des années 1970. Et c'est ce qu'il perpétue avec les Barbarians. C'est ça, le luxe d'avoir une équipe qui n'obéit à aucune logique de résultat. Et pour les joueurs, avoir la chance de vivre une fois dans sa vie cette expérience de rugby sans contrainte, c'est inestimable. Pour le coup, tu peux jouer librement, sans consigne. Jamais tu ne passes autant de temps avec d'autres joueurs de façon aussi cool, tu joues avec des All Blacks, des Anglais, des internationaux français ou des joueurs de deuxième division.

C'est le rugby réconcilié avec lui-même.

Et ça, c'est la plénitude de notre sport.

KIMI GA YO WA CHIYO NI, YACHIYO NI SAZARE ISHI NO, IWAO TO NARITE, KOKE NO MUSU MADE.

« Mes rares et véritables amis, je les ai cueillis comme les champignons, grâce au rugby. »

La Fédération, c'est aussi Marcoussis.

Il faut reconnaître que le Centre national du rugby (CNR) est un très bel outil de travail. On y trouve le temps un peu long pendant les stages préparatoires à la Coupe du monde, par exemple, mais c'est parfait pour ce qu'on a à y faire. Ce sont des périodes intenses, mais on ne peut pas y échapper. On compte les jours avant le départ. Les stages à l'extérieur nous font du bien, c'est le seul moment où ça fait un peu commando. C'est certain qu'à Marcoussis, on a vraiment le sentiment d'être isolés, mais ils n'allaient pas construire le CNR en plein centre de Paris, avec des boîtes de nuit juste à côté. Pour une fois qu'ils ne font pas les choses à l'envers !

La vie sur place s'articule entre les temps collectifs et la chambrée, où on est deux. C'est le seul endroit où on a un semblant de vie privée. Alors mieux vaut choisir son colocataire, et bien le choisir.

La règle numéro 1, c'est qu'il n'y ait aucune gêne. On sait qu'on va entendre les coups de téléphone à la copine, et pas seulement à la copine officielle d'ailleurs, donc on se choisit mutuellement avec cette idée-là à l'esprit. Un jeune célibataire un peu chaud ne va pas se mettre avec un type marié avec des gosses. Ce qui se passe dans la chambre reste dans la chambre.

On est forcément au courant des moindres détails de la vie de son roommate, ses histoires sentimentales comme ses plans cul. On entend sa voix qui change au téléphone quand il roucoule, susurre ou minaude, et, croyez-moi, c'est parfois spectaculaire quand le mec est un colosse. On apprend les surnoms qu'il donne à sa copine. Ça peut toujours servir, pour un dossier.

On connaît aussi ses goûts et ses petites habitudes en matière de confort, de loisirs, de musique, de jeux vidéo, de séries, de livres. On sait s'il aime le calme ou la tranquillité. On reconnaît ses odeurs de chaussettes. On n'a absolument plus rien à se cacher, en fait : on sait s'il dort à poil ou pas (moi oui), on se lève au garde-à-vous, on partage la salle de bains, la douche, les toilettes, et en fin de soirée on ne sait plus trop lequel des deux a pissé à côté de la cuvette.

Un maniaque et un bordélique ne vont évidemment pas faire bon ménage. J'ai connu des tandems qui sont partis en vrille sur des détails. En club, c'est plus simple, ça se fait par affinités.

En équipe de France, il arrive que des mecs ne s'apprécient pas, et ça fait le tri aussi. Ça ne pose pas plus de problèmes que ça parce que ça ne va pas jusqu'à la haine non plus.

En tout cas, on ne le fait pas sentir, personne n'oserait en parler ouvertement. Dans ce cas de figure, les joueurs ont tendance à s'abstenir de se parler et à s'éviter. Tout simplement. Un mec qui trouverait le temps long et qui n'aimerait pas passer ses nuits avec untel n'ira sûrement pas voir le sélectionneur pour s'en plaindre.

Il y a aussi des couples qui durent. Pelous et Brouzet, Dominici et Garbajosa, Marconnet et de Villiers, Poitrenaud et Michalak.

Seul le capitaine dispose d'une chambre individuelle. Et parfois, on a vraiment envie d'être capitaine. Mais c'est le privilège d'un seul.

Personnellement, en équipe de France, je préfère être avec un joueur qui ne joue pas dans le même club que moi. Ça change et c'est plus intéressant.

Le temps libre, ces demi-journées où on a le droit de sortir du centre, on ne les passe pas de la même façon selon les joueurs. Il y en a qui restent pour roupiller, certains qui calent des rendez-vous professionnels à Paris, des séances photos, des interviews télé ; d'autres font du shopping, certains vont au cinéma ou manger un morceau en ville ; les Parisiens vont voir leur femme ou leurs mômes. Les provinciaux en profitent pour aller chez leur équipementier récupérer des affaires, des crampons, des tenues, etc. Le soir, il nous arrive de regarder des films dans la salle commune, ou même de sortir tous ensemble voir un spectacle à Paris.

Ça, les virées, c'était avec Marc Lièvremont. Il aimait bien les sorties genre un peu colonie de vacances. Les rugbymen lisent pas mal aussi. Des livres d'histoire, des polars, du roman noir. De tout, en fait. Comme tout le monde. Ni plus ni moins.

C'est surtout après les matchs que l'on se lâche un peu. Et encore, ça dépend de l'échéance suivante. Si le match qui vient est important, si on a perdu, on ne va pas tenter le diable.

Si c'est la fin du Tournoi, on peut se retrouver directement à l'aéroport après une nuit blanche. Durant le Tournoi, on se donne toujours rendez-vous au bus autour de 2 heures du matin. Après le banquet, on fait une virée dans un bar et ceux qui décident de louper le bus se démerdent pour rentrer. Les banquets durent jusqu'à minuit, une heure du matin, et l'adrénaline est encore là. On peut se sentir fatigué, mais on n'a pas envie de dormir. Rien de mieux qu'une bière pour décompresser dans ces cas-là.

« Une partie de rugby ne doit pas être disputée en deux temps, mais en trois. Avant, la ferveur. Pendant, la bravoure. Après, la fraternité. »

Les troisièmes mi-temps ne sont plus celles du début de ma carrière. En gros, ce n'est pas beaucoup plus fréquent que pour un mec normal qui décide de sortir de temps en temps. Pendant le Tournoi, ça nous arrive de nous retrouver tout simplement à Marcoussis, au bar, entre nous. Des mecs mettent de la musique, de tout, des chansons rétro, des tubes du moment, etc. On boit un peu, c'est un débriefing sans contrainte. Généralement, on se marre d'ailleurs bien dans ces moments-là, on partage quelque chose de simple, c'est même l'endroit idéal pour se dire des choses. Et on peut même se coucher tard, c'est dire !

Pendant que les coachs se réunissent, nous, on est là à décompresser. Sylvain Marconnet adorait ça.

À l'étranger, disons que les tentations sont plus fortes. Même si on nous reconnaît, on se sent plus libres, et puis c'est une occasion de se retrouver ailleurs. Ce ne sont pas les lieux qui importent mais les conditions. Pendant le Tournoi, ça peut être au bar de l'hôtel, tout simplement, où nos familles ou nos potes peuvent nous rejoindre. En tournée, la marge de manœuvre est plus large. C'est souvent là qu'on peut se laisser aller à quelques écarts. Quelques conneries. Celles qui ne se racontent pas. Celles qui seront coulées dans le béton de nos souvenirs.

On drague, mais gentiment. Les rugbymen sont des gentlemen, c'est bien connu. On peut picoler ; on peut s'engueuler. Tout ça reste entre nous : les gens seraient trop contents, cela attiserait la curiosité, on se retrouverait dans *Closer*.

Avant, les joueurs se méfiaient moins. Il n'y avait pas de téléphones portables, personne n'était là pour prendre des photos en douce, dans notre dos. Ça pouvait vraiment partir en vrille. On allait se chauffer avec des mecs en boîte, pour une fille, pour un rien, ça se réglait à l'amiable ou pas, mais comme en général on est plusieurs, les types faisaient pas les malins très longtemps.

Je ne déteste pas une petite bagarre de temps en temps.

J'adore chambrer, j'ai pu me mettre dans des états seconds, mais je ne suis pas agressif. Certains le deviennent. Ce qui est un peu malsain, parce que nous savons que notre statut nous protège.

Il est même arrivé que, tout près de Marcoussis, à l'époque de Bernard Laporte, on puisse déborder au-delà du raisonnable.

Beaucoup de journalistes bien informés racontent en fin de repas l'histoire d'une célèbre soirée où le groupe s'était mis carpette dans un bar-restaurant. Il y a eu un peu de casse. C'est un phénomène étrange, parce que les patrons qui ont assisté à ces soirées à la limite du pétage de plomb n'ont rien laissé filtrer. Il faut dire qu'ils vivent un peu grâce à Marcoussis, ils ne vont pas faire un scandale. Il existe des arrangements, des complicités tacites qui font que ces histoires ne sortent pas des murs de Marcoussis. Et c'est bien mieux comme ça...

**O LORD GOD ARISE,
SCATTER OUR ENEMIES,
AND MAKE THEM FALL !
CONFOUND THEIR KNAVISH
TRICKS,
CONFUSE THEIR POLITICS,
ON YOU OUR HOPES WE FIX,
GOD SAVE THE QUEEN !**

« Durant les hymnes, par timidité ou par pudeur, par peur que tout cela soit mal interprété, les joueurs français n'osent pas chanter, comme le font les étrangers au vu et au su de tout le monde. Mais on chante, faut pas croire ! En douce, sans articuler. »

Si tout est politique dans le rugby, en revanche, le rugby n'est pas politisé. Il fonctionne un peu comme une petite commune, au sein de laquelle cohabitent différentes sensibilités. On n'insiste pas vraiment pour savoir qui vote quoi. Mais, en gros, on sait. Bernard Laporte a eu des responsabilités dans le gouvernement de droite de Nicolas Sarkozy, mais si la gauche lui avait proposé le même poste, je suis convaincu qu'il aurait accepté aussi. Dans les clubs, il est plus fréquent que les joueurs en discutent ensemble parce que certains s'engagent parfois.

Au niveau local, ce sont surtout les affinités entre les dirigeants et les municipalités qui entrent en compte. Comme la plupart des clubs ne sont pas propriétaires de leur stade, les discussions avec les villes sont primordiales. Les discussions, pour ne pas dire les négociations. Pour éviter qu'elles n'aient lieu à couteaux tirés, mieux vaut que le club et la municipalité entretiennent de bonnes relations. Ou, du moins, des rapports sains.

Fabien Pelous et René Bouscatel se sont mis sur une liste de droite parce que l'ancien maire de Toulouse, de gauche, voulait baisser les subventions en faveur du club.

À Paris, Max Guazzini n'aurait pas pu obtenir la rénovation de Jean-Bouin sans l'aide de son ami Bertrand Delanoë.

À Montpellier, la renaissance du club a été boostée par la volonté de Georges Frêche. Mais il voulait des dirigeants à sa botte.

On dira qu'il s'agit de petits arrangements entre amis. La relation qui unit un dirigeant et un maire se situe ailleurs que sur le plan politique. C'est une stratégie partagée. Il ne s'agit pas d'étiquette politique *stricto sensu*, de gauche, de droite, ni d'extrêmes. Je ne crois pas que les convictions politiques au sens large jouent vraiment.

« Des fois, sur certains trucs, on avait l'impression qu'on nous disait qu'il fallait jouer pour le président de la République. Moi je joue pour les gens, pour des choses qui sont vraies, je joue pour la France d'en bas, qui galère, parce que je viens de là. Je ne vais pas jouer parce que le président a réussi à être président de la République. »

En revanche, Mourad Boudjellal fait de la politique à Toulon, c'est évident. On l'a vu après l'élection de Robert Ménard à Béziers, quand Mourad a fait annuler un match amical là-bas l'été suivant. C'est radical, mais il est fondamentalement antiraciste. Ça peut se comprendre. Mathieu Blin a fait aussi de la politique, lui à Paris. Il a même été élu sur la liste PS d'Anne Hidalgo... Mais les deux sont surtout viscéralement et farouchement opposés au Front national, pour des raisons profondément différentes et qui leur sont propres.

En ce qui concerne les joueurs, par expérience, je dirais qu'ils sont plutôt de droite pour des raisons économiques. Disons qu'ils sont attentifs à la fiscalité. Un gouvernement de droite va leur offrir quelques avantages sur le plan fiscal et favorise toujours plus les placements financiers que la gauche.

Et comme nos carrières sont courtes, on va essayer, naturellement, de faire fructifier du mieux possible notre petit capital. Mais humainement, compte tenu de la diversité des origines, qu'elles soient géographiques ou sociales, je sais qu'il existe un certain nombre de principes sur lesquels on ne revient jamais dans les vestiaires. La couleur de peau ou les différentes origines sociales expliquent qu'on ne peut pas être tout à fait de droite. Il y a trop d'histoires personnelles différentes qui nous font plutôt pencher vers les valeurs humanistes de la gauche. (Je sais, c'est un raccourci.)

L'aspect social du rugby, l'intégration par le sport, nous y croyons d'autant plus que nous côtoyons des joueurs qui, à leurs débuts, se trouvaient parfois dans une situation sociale très précaire. Ceux-là ont réussi grâce au rugby.

Yves Donguy, qui est d'origine ivoirienne et qui joue à Oyonnax, a souffert du racisme à Brive. Quand il était au centre de formation, il a dégusté. Heureusement, je crois que le club a fait ce qu'il fallait pour recadrer les gamins qui le faisaient chier. Ils ont été sanctionnés, il me semble. Tu ne peux pas te dire rugbyman et rester insensible aux histoires de certains de nos partenaires qui sont d'origine étrangère ou qui ont vécu des enfances compliquées dans des cités de banlieue. Le rugby leur a permis d'arriver là où ils en sont aujourd'hui. Vous, je ne sais pas, mais moi, ça me touche.

Pour résumer, je dirais que nous sommes majoritairement des socio-libéraux. Ça n'engage que moi.

Nous avons une conscience sociale et, en même temps, la fiscalité proposée par la gauche nous pénalise. L'État nous prend pas loin de 50% de ce que nous gagnons. Ça commence à faire beaucoup, non ? La question de la fiscalité revient d'autant plus souvent sur la table que certains joueurs ont des entreprises et sont donc gestionnaires d'affaires. Pour autant, ça ne me gêne pas de payer des impôts, je ne remets évidemment pas le principe en question, mais nous sommes soumis à des prélèvements importants. Ces dernières années, nos prélèvements obligatoires ont augmenté. Je sais ce que vous allez me dire : c'est parce que nous gagnons mieux notre vie. Et vous ajouterez que nous ne sommes pas à plaindre. Et vous savez quoi ? Vous n'aurez pas tort.

Ce sont des soucis de riche, tout ça, j'en ai conscience. Ça ne concerne pas un Géorgien qui joue en Fédérale 3 et qui gagne le Smic. Je pense qu'il va y avoir bientôt des écarts de salaires énormes entre l'élite et les catégories inférieures, et que les revendications des uns pourront choquer les autres. Le rugby n'est plus le monde homogène et solidaire qu'il était.

Peut-être que, du coup, ces revendications vont faire émerger un front de gauche dans les vestiaires ? On n'en est pas encore là, c'est le moins qu'on puisse dire. Je n'ai jamais vu de poing levé ni de drapeau rouge, ni rencontré de rugbyman gauchiste. J'imagine que ce n'est pas vraiment un monde pour les cocos. Alors que certains prêtent crédit à quelques thèses du Front national. On en discute, mais je ne pense pas qu'on livre très franchement nos opinions. À de rares exceptions, personne ne vote aux extrêmes. J'ai pourtant déjà entendu des discours sur l'immigration, l'insécurité, je ne vois pas bien en quoi cela nous touche, mais certains acteurs du rugby peuvent être très conservateurs. S'il existe une certaine barrière culturelle entre le rugby et le monde réel, elle se trouve là : dans la difficulté à percevoir les différences une fois sortis du vestiaire.

Le rugby est un monde qui voudrait se montrer uni sous une même bannière, mais ce n'est pas possible. Nous sommes surtout le reflet de la société d'aujourd'hui. Et dans les nouvelles générations, beaucoup n'en ont rien à carrer des valeurs du rugby, et pas davantage d'un bulletin de vote. Certains se positionnent franchement, c'est vrai.

J'ai trouvé très bien la lettre de Thierry Dusautoir après les événements de janvier 2015, l'attentat de *Charlie Hebdo*. Il parlait de lui, de sa vie, et c'était juste :

« Métis, de père blanc et français et de mère noire et ivoirienne, mes premières années de primaire m'ont vite appris que j'étais plus bronzé que

les autres, que j'avais un drôle d'accent où tantôt on roule un peu plus les r, tantôt on les avale. Que je parlais avec un ton plus chaloupé que les autres. Mais mes copains de Périgueux, ils en rigolaient avec moi. Comme on rigolait du maladroit, du grand, du gros, du timide. »

Le grand, gros, timide est aujourd'hui capitaine du XV de France. Je vois exactement ce qu'il veut dire. Et, globalement, le rugby français a très bien réagi dans son ensemble à cet attentat totalement flippant. C'est le très bon côté du rugby. Consensuel, d'accord, mais pour le coup solidaire.

Je suis Charlie.

‘E ‘OTUA MÃFIMAFI
KO HOMAU ‘EIKI KOE
KO KOE KO E FALALA‘ANGA
MO E ‘OFA KI TONGA.

‘AFIO HIFO ‘EMAU LOTU
‘AIA ‘OKU MAU FAÍ NI
MO KE TALI HOMAU LOTO
‘O MALU‘I ‘A TUPOU.

« L’essai doit être comme un orage. »

L’image qu’on renvoie, les clichés... difficile d’aller contre. Le rugbyman serait donc un mec viril, qui dégaine aussi vite ses blagues que sa bite, tout en étant un peu moins con que la moyenne des sportifs. Hum... Je vous déçois si je vous dis que c’est loin d’être toujours le cas ?

Le comportement viril, le sexisme même, existent toujours dans le rugby. Sans jouer à celui qui pisse le plus loin ou à celui qui a la plus grosse, les comparaisons physiques, l'obsession du corps comme révélateur de la personnalité, ça marche toujours.

Le sport est viril. Les Maoris en ont fait un substitut à la guerre et nous aimons tous cette image. La confrontation physique est encore un langage, une réalité. Même pour rire, on se frappe. J'ai lu ou entendu des femmes s'extasier sur notre virilité, sur nos corps. Un rugbyman est-il un objet de désir ? Sans doute. Davantage qu'un acteur, qu'un people ? Pas sûr.

Mais qu'est-ce que la virilité ?

Avoir des poils sur le torse ?

Des muscles ?

Des tatouages ?

Vous savez, nous, quand on fait des virées ensemble, c'est exactement comme quand vingt potes se retrouvent pour faire les cons un samedi soir. On adopte peu ou prou tous le même comportement. Il faut du bruit, il faut que ça braille, dire des conneries, être dans l'excès, draguer, avec une tendance particulière à l'exhibitionnisme. On bande les muscles... et souvent plus. La troisième mi-temps est une source de fantasmes. Les rugbymen sont infidèles jusqu'à ce que, sans doute, ça les excite moins, une fois qu'ils ont tout essayé. Je connais des gars qui ne sont pas comme ça du tout. Nous ne sommes ni plus ni moins qu'une bande de garçons entre eux.

Ce qui est vrai, c'est que chez nous, comme chez les handballeurs, tout est exacerbé. D'abord parce que nous nous conformons au mythe, aux rituels plutôt. Il y a là un mécanisme psychologique qui se met en marche et qui est propre aux hommes quand ils se baladent en meute. Le mec lambda ferait les mêmes conneries, mais nous sommes des rugbymen. Et certains sont plus connus que d'autres. Est-ce que c'est plus ou moins acceptable ?

Alors, c'est quoi nos soirées : boire plus que nécessaire, le(s) verre(s) de trop, sauter la fille de plus ? Ça peut paraître étrange, mais j'ai surtout l'impression que nous ne voulons pas décevoir sur ce point. Se sentir désiré dans des soirées par des femmes peut nous pousser à faire des choses très stupides, voire extrêmement graves.

Certains épisodes ont malheureusement renforcé auprès du grand public l'idée que nous sommes potentiellement des brutes épaisses. C'est la limite de la protection du milieu, de notre statut. Pour quelques cas indéfendables, beaucoup pensent que les joueurs vivent comme des patachons.

Après, il y a aussi les conneries comme celles des mecs du handball qui déglinguent la table d'un plateau de télévision après leur médaille olympique. Je ne cautionne pas, mais c'est typique des excès qui peuvent se produire avec l'alcool.

Vincent Moscato, lui, renforce le côté paillard, rigolard, j'allais dire « traditionnel ». Il fait le Polichinelle. Heureusement que tous les joueurs ne boivent pas comme des trous et ne se sentent pas obligés d'entrer dans un bar en chantant *La digue du cul* avant de tout casser.

En vrai, la plus grande partie des joueurs mènent une vie assez pépère. Ça n'a pas forcément toujours été le cas.

L'équipe de rugby a longtemps réuni les champions du village, ceux qui pouvaient se permettre des choses que d'autres ne pouvaient pas. À l'époque des villes moyennes, où se nichait le rugby, c'était encore vrai. Les rugbymen étaient autorisés à un certain nombre de frasques qui ne prêtaient pas à conséquence, soit, encore une fois, parce qu'ils bénéficiaient de la protection des dirigeants qui dépatouillaient les histoires, soit parce que ça faisait partie du folklore. Il y a des villages en France où on ne comprendrait pas que les gars du rugby ne se foutent pas en l'air un soir de match.

À Paris, si tu commences à péter des verres dans un établissement, rugbyman ou pas, ça ne passe pas. Le cafetier, il s'en fout que tu passes à la télé avec un maillot bleu, il ne te connaît pas forcément.

Alors oui, ça m'est arrivé en équipe de France de me faire ramener en panier à salade, complètement bourré, parce que des flics compréhensifs préféraient que je n'aie pas d'accident et que je sois en forme pour le match suivant. Un autre aurait été en cellule de dégrisement. Soit. Le piège, quand les gens nous connaissent, c'est qu'ils nous ouvrent le bar, les tables sont gratuites et ainsi de suite... Difficile de refuser.

Le problème vient du fait qu'aujourd'hui, le rugbyman est visible, médiatisé. Ce n'était pas le cas auparavant. Je veux dire que nous passons à la télévision et qu'en même temps nous faisons notre marché. On discute avec les gens (même si parfois, je le reconnais, je n'en ai pas très envie – pour tout vous dire il m'arrive même de fuir carrément), il s'installe une forme de proximité qui nous interdit de faire tout et n'importe quoi. On reste quand même accessibles, mais jamais je ne m'interdirai de sortir, même après un mauvais match. Mais les occasions sont plus rares. Le rythme des matchs et les entraînements quotidiens ne t'incitent pas à faire la fête.

« Le rugby m'a souvent empêché de me coucher tôt, mais il ne m'a jamais empêché de dormir. »

Un soir, après un match à Marseille, l'équipe est allée boire un verre au Bar de l'OM. Le barman a refusé que les mecs payent. Il disait qu'il n'avait jamais vu les joueurs de l'équipe de football dans son rade alors que le bar portait le nom de l'équipe. Et là, il avait quasiment toute l'équipe de France de rugby au zinc. Ça faisait marrer les joueurs de voir le lieu. C'était un peu comme aller au spectacle, ils voulaient voir les Marius qui se sifflaient quarante à cinquante anisettes par jour. Notre conception de la fête n'est pas exactement la même que celle des footballeurs. On ne court pas forcément les boîtes chic et people. Mais, quand ça arrive, et ça c'est drôle, invités ou pas, il y a toujours un employé qui fait la gueule et qui nous fait remarquer que nos pourboires sont ridicules par rapport aux footeux et qu'eux dépensent beaucoup plus de fric. Bon, très bien...

Mais les choses changent.

Sébastien Chabal, star malgré lui, est resté un homme très accessible. À un moment donné, il a dû faire gaffe. Il était très sollicité et est devenu un « personnage public ». Il ne pouvait pas se permettre de faire n'importe quoi. Je pense qu'après Laporte, Lièvremont craignait vraiment que les joueurs se dispersent comme lui, entre les pubs, les interviews, les caméras, les tournages, les séances photos.

Sébastien a surtout fait, et pris, ce qu'on lui proposait. Il a fait du blé, mais sa priorité est toujours restée le rugby. Il était très curieux, bien plus que d'autres, et il cherchait à établir le contact avec le staff.

Pour Frédéric Michalak, je pense que ça a été la même chose, il lui a fallu prendre l'air, filer en Afrique du Sud pour se ressourcer, mais aussi pour jouer au rugby à fond. Il a quand même remporté la Currie Cup, et ce n'est pas rien.

Pour Mathieu Bastareaud, la célébrité est arrivée de façon tout à fait inattendue. Tout vient de cette histoire en Nouvelle-Zélande. Je crois que c'est un gamin qui n'avait pas une grande confiance en lui, qui doutait de ses capacités et qui s'est mis entre les mains d'agents qui ne l'ont pas toujours bien conseillé. Il a un profil similaire aux footballeurs sauf qu'au fond de lui, il est très rugby. Il a un grand sens de l'amitié, c'est un bon garçon. D'accord, ce n'est pas un érudit. J'ai de la tendresse pour lui, il est sincère, ne calcule pas. Il est maladroit parfois… Non, souvent.

Ce n'est pas le seul joueur à avoir une double personnalité, comme on dit. Extrêmement méchants et violents sur un terrain et brillants et modestes en dehors. D'autres exemples ? Eh bien, non ! Florian Fritz n'est pas la brute sans cervelle que l'on croit. Il n'est pas du tout dans la vie comme sur le terrain.

En rugby aussi, il faut se méfier de la première impression. Les apparences sont trompeuses. Serge Simon était un dur à cuire qui devenait délicat quand il avait déchaussé les crampons.

« Le rugby permet aux enfants de devenir des hommes, et aux hommes de rester des enfants. »

La grande majorité des rugbymen sont des gens bien, je ne vais pas chercher la petite bête là où il n'y en a pas. Mais j'ai croisé sur tous les terrains des mecs qui étaient des vrais connards durant un match et qui sont tout à fait fréquentables en dehors. Lawrence Dallaglio, par exemple.

Si j'en crois ce que m'ont raconté les joueurs qui me découvraient en club ou en équipe de France, je fais partie du même panier. J'ai toujours eu une très bonne image, parfois même un peu lisse. Les médias m'ont toujours laissé tranquille. De plus, j'ai la chance d'être bien entouré.

Je ne me suis jamais pris pour un cador.

Je ne suis pas Morgan Parra, qui est un égocentrique, un orgueilleux, sur et en dehors du terrain, et qui n'a pas volé son surnom de « merdeux ». Ça, au moins, tu peux dire qu'il ne manque pas de personnalité. Ce n'est pas le genre à se laisser marcher sur les pieds. Ce n'est le cas que de très peu de rugbymen, mais lui, chapeau ! C'est un talent précoce. En même temps, je suis parfaitement conscient qu'il était un peu obligé de se comporter comme ça. C'est une qualité à son poste et à ce niveau. C'est même recommandé.

Il est arrivé en équipe de France au poste de demi de mêlée, c'est lui qui devait diriger les avants et distribuer le jeu. Personne ne le connaissait vraiment, il n'avait pas une grande expérience en Top 14 et on lui filait les clés du camion. Il a dû s'imposer pour exister. Ça lui a aussi joué des tours : dans ces cas-là, tu peux t'exclure toi-même du groupe, ça peut être mal interprété. Le mec peut donner l'impression d'en faire trop. Je le dis souvent, avoir du caractère, c'est bien, mais il ne faut jamais que ce soit au détriment de la cohésion d'un groupe. D'ailleurs, il s'est ensuite entièrement mis au service de l'équipe.

Il y a aussi des mecs qui sont de vraies têtes de cons mais qui présentent bien, tout beaux tout propres, bien peignés, bien rangés, une tronche de gendre idéal. Un peu comme François Trinh-Duc qui, dès qu'il n'est pas titulaire, fait la gueule. S'il y a un désaccord, on peut avoir des discussions sincères dans ces cas-là, avec l'entraîneur, le sélectionneur notamment, mais manifester sa mauvaise humeur devant ses partenaires, ça ne se fait pas.

Je crois que Marc Lièvremont lui a fait payer son comportement, même si c'est un très bon joueur.

À l'inverse, Thierry Dusautoir est une sorte de bouddha qui parle doucement, sur un ton monocorde. Il ne crie jamais mais, à vrai dire, il n'en a pas besoin. C'est une énigme. T'as l'impression que tout glisse sur lui. Il est aussi efficace sur un terrain que réservé dans la vie.

Quoi qu'on pense de notre façon de nous amuser, nous ne sommes plus des amateurs déconnant dans les boîtes de nuit. Sommes-nous si légers ? Oui, j'ai été ce garçon-là, excessif. Les filles, la boisson, tout ça. Quand j'étais plus jeune, la boisson était le prolongement de l'excitation du match. Le défouloir.

C'était un signe envoyé aux autres joueurs : je me sentais capable de tout. Alors, je multipliais les mauvaises blagues, planquer des capotes dans la valise du copain qui rentre chez lui, piquer les clés des chambres, mettre du rouge à lèvres sur de fausses lettres enflammées...

Mais qui n'a pas vécu cette période insouciante ? Vous n'avez pas eu 20 ans, vous ?

O FLOWER OF SCOTLAND WHEN WILL WE SEE YOUR LIKE AGAIN? THAT FOUGHT AND DIED FOR YOUR WEE BIT HILL AND GLEN AND STOOD AGAINST HIM

« La Finale du Top 14 est magique. Si, au football, le mieux classé de la saison devient champion, au rugby, peu importe le classement des six premiers, le bouclier de Brennus se remporte comme une Coupe avec tout le suspense inhérent à cette situation. Et c'est bien ainsi, c'est notre tradition, notre spécificité, et nous y sommes très attachés. Pas question d'y toucher. »

Parmi les hommes qui m'ont marqué durant ma carrière, je crois que le plus intéressant a été Max Guazzini.

Justement parce qu'il a réellement remodelé l'image du rugbyman français.

Il a eu une forte influence sur l'image que les joueurs ont voulu donner d'eux-mêmes. Une image plus urbaine, plus dans l'air du temps, moins France profonde. Avec lui, on est passés dans un autre monde.

Il a beaucoup contribué aussi au processus de modernisation du rugby français. Ce qu'il a fait pour le Stade Français, toutes ces innovations en termes de communication et d'image ont bénéficié à tout le monde. Elles ont été largement reproduites et copiées.

Me retrouver sur son calendrier, je n'en suis pas plus fier que ça, mais j'avais trouvé ça marrant.

Évidemment, c'est une esthétique gay et je me souviens que je ne voulais pas que ma photo soit trop ambiguë.

Alors j'ai fait gaffe. J'ai insisté pour que ma pose ne soit pas trop suggestive. J'en montrais le moins possible, mais un poil quand même ! J'ai vérifié mille fois que rien ne dépassait. Mais, franchement, c'était cool. Il y avait de l'humour.

Aujourd'hui, je trouve que ça n'a plus aucun intérêt. L'effet recherché est passé. On a franchi un cap médiatique grâce à ça, c'est fait, voilà. Je me souviens qu'au début du calendrier, beaucoup de joueurs appelaient Max pour lui demander d'être photographiés, et pas seulement pour le cachet qui allait avec mais parce qu'en termes de notoriété, c'était un vrai plus.

Même les joueurs d'autres clubs que le Stade Français voulaient en être. Mais Max donnait toujours la priorité à ceux de l'équipe.

Max est un homme très gentil, adorable même, intéressant, drôle et très ouvert d'esprit. Il a sans aucun doute contribué à déniaiser certains joueurs comme les Toulonnais Comba et Dominici qui étaient quand même des petits roquets à l'époque. Ça vaut d'ailleurs pour le milieu en général.

En gros, il a permis à des joueurs ordinaires d'acquérir leurs lettres de noblesse. Tout d'un coup, nous n'étions plus des paysans du Sud-Ouest qui se foutaient sur la gueule tous les dimanches. On ouvrait des restaurants, on savait s'exprimer à la télévision, on fréquentait « le monde ».

Oui, j'adore Max Guazzini, je n'ai aucun mal à l'assumer. Il a sa façon de vivre, sa personnalité.

C'est quelqu'un de brillant, de généreux, il fait partie des gens totalement pris par ce qu'ils font, ce que j'apprécie.

Je reste persuadé qu'il aurait pu faire ce qu'il a fait dans le rugby dans n'importe quel autre domaine.

Lui, son moteur, c'est l'aventure humaine. Le terme est un peu galvaudé, mais partir de rien pour bâtir une radio devenue l'une des plus écoutées du pays ou un club de rugby plusieurs fois champion de France et qui continue à marcher sans lui, c'est quand même très fort.

Il aimait cette idée de destin, se forger des souvenirs communs, qu'il y ait des moments de tristesse et de joie comme dans une famille et que cela nous rapproche. Je crois que c'est ce qui lui plaisait dans le rugby.

Et c'est vrai que le rugby, c'est un peu ça, malgré tout. J'ai aimé manger chez lui, en tête à tête, dans son grand appartement. J'ai aimé ses coups de folie, son culot.

Il dit les choses comme elles sont, mais avec son regard à lui, bien à lui-même. Il est déroutant parfois.

Il se moquait des maillots de Biarritz, de Toulouse, d'une forme de ringardise provinciale, mais il ne veut blesser personne, il déteste le conflit. Il piquait les gens, mais c'est un sentimental. Il a un côté théâtral, genre grande tragédienne.

Et puis, il aime les hommes, au sens propre comme au figuré. Il y a laissé des plumes, il s'est lui-même beaucoup donné. Au-delà de ce qu'il est et qu'il partage totalement avec les joueurs, il a réussi grâce à son talent de communicant. Il ne s'est pas trompé sur les hommes qu'il avait choisis pour l'accompagner dans son pari au Stade Français. Il l'a eue, sa belle histoire !

Il a fait davantage pour le rugby que la Fédération et la Ligue réunies, juste en suivant son désir. Il a apporté le rugby sur un plateau au grand public, dans les grandes villes, a su séduire les femmes qui vont maintenant au stade et des chefs d'entreprise qui sont devenus des sponsors alors qu'ils étaient étrangers au monde du rugby. Sans lui, sans l'image qu'il a donnée au rugby, celui-ci n'aurait pas eu droit au prime time de Canal +.

Si l'on regarde en arrière, l'intérêt des chaînes pour le rugby s'accroît à peu près à partir des premiers succès du Stade Français[1].

---

1. La chaîne retransmet pour la première fois le Championnat de France de rugby en 1994-1995, le Stade Français accède à la première division en 1997 et remporte son premier titre dès la première année, en 1998. Le Top 14 dans sa version actuelle n'existe que depuis la saison 2005-2006.

Le public a commencé à trouver ce sport agréable à regarder et s'est dit : « Les mecs sont pas mal, en plus ils ont l'air pas trop cons », et la télévision en a fait un sport à part entière. C'est d'autant plus fort de la part de Max qu'il ne l'a pas fait par intérêt financier. Il est riche, certes, mais il a beaucoup investi sur ses propres ressources. L'empreinte « parisienne » du Stade Français a même eu une influence sur le jeu, en attisant une petite guerre entre Paris et la province.

La politique de recrutement du Stade Français a aussi inauguré ce que l'on vit aujourd'hui. Même des clubs comme Toulouse ont eu besoin d'attirer l'attention avec des joueurs comme Byron Kelleher. Le Stade Français recrutait des internationaux. Ça a créé une émulation, le fait d'attirer tous les regards, toutes les curiosités, a poussé les autres clubs à se bouger le cul. L'alternative, c'était soit copier, soit inventer autre chose. Biarritz a été coincé par cette évolution, Clermont s'est construit un jeu, sérieusement, le Racing et Toulon ont cassé leur tirelire et Toulouse a brandi sa politique de formation dont on verra dans quelques années si elle est efficace. Le rugby aurait de toute façon évolué, j'en suis conscient, sans Max Guazzini. Mais cela aurait pris beaucoup plus de temps.

« Mes gueulantes s'apparentent à des cris d'amour. »

Surtout, ce qui me paraît incroyable, c'est que le Stade Français, avec tous ses flonflons, son côté *Paris By Night* qui était bien réel, ait réussi à faire naître chez les joueurs le sentiment d'appartenir au club comme s'ils jouaient à Auch ou à Givors.

Comme quoi, on peut faire la bringue et en même temps rester sérieux tout en vivant à Paris. Et Max ne donnait pas sa part aux chiens, ni dans un registre ni dans l'autre.

Il avait compris qu'il n'y avait pas de rugby si on ne partageait pas beaucoup de choses, y compris quelques secrets d'alcôve. Dans ces méandres, certains joueurs se sont perdus.

Christophe Dominici a connu une période de dépression, c'était comme une perte d'identité, et d'autres ont oublié pourquoi ils étaient là. Max a été surprotecteur avec certains joueurs, et son influence sur leur vie privée en a perturbé plus d'un.

Bon, ils se sont bien laissé faire aussi. Certains lui en veulent. Parce qu'ils se sont sentis trahis. Sans doute pensaient-ils que Max résoudrait tous leurs problèmes ?

Ce risque existait et Max Guazzini lui-même avait du mal à réprimer son côté délibérément déstabilisant avec des jeunes garçons qui n'y étaient pas préparés. À notre niveau, on sait à quoi on s'expose.

Vivre la nuit, les amitiés intéressées, tout ça, à Paris, c'est le danger et il faut être costaud. Il faut sans cesse se rappeler qu'on est là pour jouer au rugby, par pour se croire intouchable parce que Max la fée, avec sa baguette magique, te fait visiter des endroits extrêmement sélects ou te présente à des vedettes.

Je connaissais bien Raphaël Poulain, j'en ai déjà parlé. Quel gâchis ! Ce mec avait des qualités exceptionnelles. Je ne dis pas que c'est facile, les tentations sont multiples. Comme toutes les personnes publiques, nous sommes beaucoup sollicités. Il arrive que des inconnus, qui gravitent dans ces milieux, te demandent de l'argent, soit pour leur en prêter, soit pour investir, et c'est là qu'il faut faire le tri.

Quand on arrive à ce degré de sollicitation, doit-on vraiment attendre que le téléphone ne sonne plus pour se rendre compte qu'on ne sert plus à rien ? On lui a certainement fait miroiter des projets qui n'existaient pas, à Poulain, comme à d'autres d'ailleurs, mais faut-il sacrifier une carrière déjà bien engagée ? C'est le revers de la médaille.

Il faut parfois savoir se considérer comme un ouvrier qui bosse et fait le choix de ne pas voir ses gosses, ou en coup de vent. Lui se donne une priorité pour les élever, et il s'y tient. Au Stade Français, c'était tout l'inverse : il fallait parfois se rappeler qu'on avait un boulot. Pour des jeunes garçons un peu fragiles, ce n'était pas évident. Certains n'ont pas vu arriver la fin de la fête.

Pour Raphaël, ou d'autres, on peut se demander :

Et s'il n'avait pas fait le calendrier ?

Et s'il n'avait pas rencontré Max ?

Est-ce qu'il aurait autant eu envie de faire l'acteur ?

Est-ce qu'on aurait repéré sa belle gueule ?

Est-ce que le cours de sa vie aurait été différent ?

Le plus terrible là-dedans, ce sont les regrets. Se dire au beau milieu de ta carrière que tu aurais pu être quelqu'un d'autre. Soudain, des portes s'ouvrent, mais c'est là que le danger commence. La porte, il faut la prendre dans un sens ou dans l'autre, sinon tu as le cul entre deux chaises et tu tombes. « Si je n'avais pas été joueur de rugby, j'aurais fait ceci ou cela. » Sauf qu'il est souvent trop tard et que ce dilemme, quand il survient en pleine carrière, est destructeur pour un joueur. Ceux qui ont vécu ces affres étaient encore trop jeunes dans leur tête.

« C'est le truc, l'essentiel, le joyau, la gloire de nos ancêtres. C'est le rendez-vous de l'âme humaine. Un enfer monstrueux. Si on faisait de l'anthropologie, on dépasserait le réveillon... Lévi-Strauss, s'il y avait pensé, s'y serait penché avec passion... La mêlée, c'est un monument. Tous les monuments... »

Transition idéale. Dans une mêlée, la proximité est à son comble. On se frotte, on se renifle, on s'attrape.

Il y a des homosexuels dans le rugby français, chez les dirigeants, chez les joueurs. Mais je ne connais pas d'homosexuels déclarés, à part le Gallois Gareth Thomas. Quand on a croisé Gareth sur un terrain, on n'imagine pas qu'il soit homo. En fait, personne n'aurait parié un centime sur la probabilité qu'il le soit. Ni Nigel Owens, l'arbitre, gallois lui aussi.

C'est un peu comme pour le dopage, n'est-ce pas ? Ça existe, mais on ne va pas s'en vanter.

Les blagues sur les pédés vont bon train dans le rugby, encore aujourd'hui. Concernant le sexe, d'une manière générale, nous respectons nos orientations. Nos fantasmes, on en parle. En ce qui me concerne, je n'ai jamais eu vraiment trop à en parler. Les orientations sexuelles des gens, je m'en contrefous. Ça ne me pose aucun problème moral ni éthique. Le mariage pour tous, je suis pour. Quand j'y réfléchis, je me dis que ça pourrait tout de même peut-être poser problème dans le jeu. Se déclarer publiquement homosexuel alors qu'on vit ensemble tous les jours à poil... Le rugby, c'est des étreintes, quelques confidences aussi, je pense que cela demanderait un temps d'adaptation pour tout le monde et chacun, inconsciemment ou pas, doit avoir ça à l'esprit. J'imagine que c'est l'une des raisons pour lesquelles il est compliqué de faire son « coming out ».

Par ailleurs, en dehors du rugby, j'ai des amis gays avec lesquels j'entretiens des rapports sans ambiguïté. À Paris, ça n'a rien d'extraordinaire. Ils m'ont déjà vu à poil et moi aussi. Tout ça ne veut donc pas dire grand-chose. En tout état de cause, je crois que ça doit être horriblement difficile de se savoir homosexuel dans le milieu du rugby. Ce qui explique aussi que les « coming out » se font généralement après la carrière. Et encore...

Pourtant, je ne vois pas bien ce qui pourrait se passer d'extraordinaire si un de mes coéquipiers se déclarait homosexuel. J'ai déjà pris des centaines de douches avec lui, et j'en prendrai des centaines d'autres sans que rien ne change.

De façon générale, les histoires de fesses dans le rugby sont plus banales qu'on le croit. Les occasions sont nombreuses. Ce n'est pas compliqué de tomber sur une fille qui aura envie de coucher avec toi. Bon, c'est vrai que certaines n'ont pas trop froid aux yeux et te proposeront de s'amuser dans des ambiances particulières, ou d'inviter un ou deux de tes potes. Les partouzes, est-ce que c'est plus rugby que football ? Je connais des joueurs qui se sont retrouvés ivres morts avec des travelos dans leur piaule. Bon, on ne va pas insister, ça arrive, *so what ?* Est-ce que ça m'est déjà arrivé ? Joker. La nuit, tous les chats sont gris. Au bout d'un moment, ce n'est pas le genre d'émotion que tu recherches. J'aurais sincèrement du mal à parler de la sexualité des rugbymen parce que, comme dans la société, on trouve de tout. Et je ne sais pas si ce serait passionnant ou si ça avancerait à quoi que ce soit de dévoiler des noms sur ce sujet... privé.

« J'ai entendu plein de gens dire qu'il faut avoir joué au rugby pour être dans le rugby. On m'a reproché de n'avoir jamais joué au rugby. À ces gens, j'ai envie de dire : Il faut avoir un bac maths pour avoir le droit de compter ? Un bac + 5 pour avoir le droit d'écrire ? On peut gérer un club de rugby et apporter des choses nouvelles justement parce qu'on n'est pas issu du monde du rugby. On sait que la consanguinité est la principale cause de disparition de beaucoup de civilisations. Quand il y aura trop de consanguinité dans le rugby, ça voudra dire qu'il est appelé à disparaître. »

Tout comme Max Guazzini, on l'aime ou on ne l'aime pas, mais il faut reconnaître que Mourad Boudjellal, dans un autre registre, a secoué le Landerneau. Parfois, son langage est volontairement vulgaire, voire agressif, et ce n'est pas toujours du meilleur goût. Mais je pense qu'il a fait bouger les choses. Le dernier grand animateur du Championnat, c'est quand même lui, grâce à ses interventions médiatiques et la réussite de son équipe. Ça a obligé les autres clubs à suivre. Pas dans la surenchère verbale, mais ils ont dû se remettre en cause pour être plus compétitifs face à ses méthodes et ses gros sabots.

Le Top 14 « meilleur Championnat du monde », c'est quand même grâce à lui.

Il a fait venir des joueurs qui créaient l'événement sans même avoir joué un seul match à Mayol. Juste en acceptant le pari de signer à Toulon.

Réussir à fidéliser Jonny Wilkinson est son plus grand succès, et son arrivée sur la Rade a bénéficié au rugby français dans son ensemble.

Mais je ne comprends pas trop quelles sont ses motivations. Il n'aurait pas fait tout ça s'il n'était pas passionné par son rôle, et je n'arrive pas à croire que ce soit uniquement par vanité ou par ego démesuré, voire par goût de s'afficher dans les médias.

Je pense qu'il aime vraiment le sport, ou plutôt la compétition.

À mon avis, le rugby est pour lui un prétexte pour vivre des émotions un peu plus fortes que celles que tu as quand tu diriges une entreprise. Je pense qu'il préfère le football, mais c'est plus cher. Son humour est parfois proche de celui des supporters qui chambrent par banderoles interposées. Peut-être n'avait-il pas les moyens d'aller dans le football, le rugby est plus abordable. Il doit quand même bien aimer qu'on parle de lui, de sa réussite en tout cas. On connaît le penchant du Var et de Toulon pour les thèses d'extrême droite et lui, il est issu des quartiers et il aime bien leur en mettre plein la vue.

Il a certainement une revanche à prendre, envie aussi d'afficher sa réussite sociale en tant que Français d'origine algérienne. C'est tout à son honneur et c'est respectable. Il en fait des caisses et des caisses, mais c'est un personnage fascinant. Depuis que son équipe gagne régulièrement, il se calme un peu. Il a moins besoin de trouver des formules chocs pour exister, le train est lancé et ça roule. On ne peut pas non plus nier que Toulon en est là grâce à lui.

Il me fait un peu penser à Bernard Tapie quand il était président de l'Olympique de Marseille. Serait-ce un tremplin vers le monde politique ? Pour l'instant, on n'a pas encore trouvé de billets de banque enterrés dans le jardin d'un joueur adverse. Ah, ah, ah ! Enfin, on verra bien ce que l'avenir nous réserve. Il ne faut jamais dire jamais.

Toulon agace, comme toute équipe qui domine son sujet pendant un temps. Le débat sur les moyens qu'il met pour y arriver, on ne peut pas y échapper. Max Guazzini, qui était très jalousé, y a eu droit lui aussi à son époque.

Max Guazzini a inauguré une « présidentialisation » des clubs de rugby. À Toulon, Mourad Boudjellal associe Bernard Laporte à l'image du club, mais ailleurs, Jacky Lorenzetti, Mohed Altrad, de fortes personnalités, incarnent à eux seuls leurs équipes. Ce sont des chefs d'entreprise.

À Toulouse, en revanche, c'est Guy Novès qui s'exprime, de même qu'à Clermont, ça a été Vern Cotter.

Comme par hasard, les deux clubs du haut du panier où la préoccupation porte sans doute davantage sur le jeu en lui-même, et dont la politique sportive n'est pas uniquement basée sur la capacité d'investissement et la politique du carnet de chèques.

En revanche, il n'y a qu'à Clermont que la structure et l'organisation sont claires pour tout le monde. Il y a un manager général, Jean-Marc Lhermet, qui est en haut de la pyramide sportive, puis l'entraîneur, les adjoints, les joueurs. Tout ça est très bien encadré. On n'entend jamais le président, peu de gens savent qui il est. Clermont est un club discret, un peu traditionnel, mais qui joue très bien au rugby. À force d'être aussi peu sexy, performants et très professionnels, les Clermontois vont devenir originaux.

Je crois que lorsqu'ils se mettent ainsi en avant, les présidents cherchent surtout à protéger les joueurs, à ne pas les exposer en première ligne dans la communication. Je trouve que ce n'est pas plus mal, cette personnification des clubs. Les présidents font paravent. Les joueurs sont plus tranquilles.

Après, aujourd'hui, d'un point de vue économique, les présidents gèrent des sociétés et donc leurs propres intérêts. Il est normal qu'ils les protègent aussi. Normalement, pour que ça se passe bien, il faudrait que le secteur sportif soit séparé de la gestion du club. Ce ne sont pas les mêmes compétences.

Au début, et jusqu'à la période Philippe Saint-André, à Toulon, Mourad Boudjellal s'impliquait clairement dans le sportif, et c'est peu dire. C'est un peu lui qui faisait l'équipe. Mais Bernard Laporte a cloisonné. Chacun son boulot. Un club, c'est un chef d'entreprise et un manager. Les deux ne doivent pas noyauter les champs de compétence de l'autre.

Cet équilibre, tous les clubs le recherchent. Comme Jacky Lorenzetti avec Travers et Labit, même si Pierre Berbizier s'était plaint avant de partir qu'on lui impose des joueurs dont il ne voulait pas. Le boulot d'un entraîneur est de pouvoir gérer en amont et en aval ses troupes. Il y a pas mal d'équipes où ce n'est pas le cas, et c'est souvent source d'embrouilles entre le manager et le président.

Avec cette évolution, le souci de ces nouveaux présidents-chefs d'entreprise, c'est qu'ils sont aussi souvent sponsors de leur propre club. Cela leur donne le droit de gérer leur business comme ils veulent, et pas seulement médiatiquement. C'est le cas d'Altrad à Montpellier.

La limite, c'est que parfois ils ne maîtrisent pas le sportif et court-circuitent le processus de recrutement ou demandent trop vite des comptes à l'entraîneur après deux ou trois défaites. Quand c'est le cas, que les rôles ne sont pas bien définis, ça crée obligatoirement des tensions, des luttes de pouvoir en interne. Le temps nécessaire à un staff pour construire une équipe performante n'est pas le même que celui de la communication, du marketing, de la publicité. Certains ont du mal avec ça. Beaucoup veulent aller trop vite. Au Stade Français, le président s'occupe de la gestion financière et du développement, le manager s'occupe de rugby. Le seul moment où il y a interaction entre les deux, c'est lors des discussions sur les contrats, les besoins des entraîneurs, le budget du club, le recrutement. Et, au bout d'un moment, plus ou moins long, on voit si les résultats suivent.

On pourrait craindre que les présidents commencent à faire valser les entraîneurs comme dans le football, mais ce n'est pas possible. Si l'on recherche la performance, en rugby, les entraîneurs ne peuvent pas être virés à la première contre-performance ou désillusion venue. Les chaises musicales, on ne connaît pas. C'est vrai aussi pour le XV de France. La Fédération ira au bout avec Saint-André même si c'est un échec. Il aura eu quatre ans tranquilles, si l'on oublie les médias. C'est appréciable.

Même Mohed Altrad et Fabien Galthié, avec leur sale caractère, ont réussi à travailler ensemble cinq ans. Le président a accepté de mettre la main à la poche quand Fabien le lui a demandé pour faire mieux que les saisons précédentes. Malheureusement, le club a régressé. L'effectif coûtait désormais plus cher et avait de moins bons résultats. D'où les tensions. D'abord entre Fabien Galthié et ses joueurs, qui en prenaient plein la gueule. Puis avec Mohed Altrad, quand ce dernier a su qu'il parlait aux joueurs comme à des chiens, tout en œuvrant en sous-main pour trouver du boulot ailleurs. Mais même là, ça n'a rien à voir avec la façon dont les entraîneurs de football se font jeter du jour au lendemain.

Au Racing Métro, Jacky Lorenzetti n'a pas encore les résultats escomptés, mais il ne peut pas changer grand-chose. Il est coincé par sa propre stratégie. Il est encore dans une phase de construction. Il doit continuer de recruter des joueurs pour imposer sa puissance aux autres.

Quant au Stade Toulousain, le club est sans doute en train de perdre ce qui faisait son attrait pour les joueurs, la garantie d'intégrer plus rapidement qu'ailleurs l'équipe de France. Et René Bouscatel, seul président à s'être octroyé le droit de se salarier sur les finances du club (!), sait qu'il ne peut pas se séparer de Guy Novès sur un coup de colère.

À Toulouse, Bouscatel n'est pas le propriétaire du club. C'est sa faiblesse. Bouscatel seul ne peut rien faire sans l'avis du conseil d'administration. À moins que ce soit la force de Toulouse, c'est selon. Le sait-il lui-même ?

« Les attaques puériles et infantiles du facétieux président du R.C. Toulon à l'égard de notre club et de sa gestion ne peuvent que faire sourire la France entière du rugby et ne méritent pas de réponse. Par contre, les sous-entendus de cette diatribe de la part d'un président s'autoproclamant "professeur de gestion", mais confondant le chiffre d'affaires et la marge, méritent une mise au point. Pour qu'il évite d'énoncer publiquement des contre-vérités sur nos comptes, nous les tenons à sa disposition, espérant qu'il en fera de même concernant les siens, ce qui pourrait également faire sourire l'ensemble du rugby français. Et s'il le souhaite, nous pouvons bien entendu croiser ces informations devant tout spécialiste ou contrôleur autorisé. Cela ne nous empêchera pas de l'inviter à l'un de nos cocktails, lui confirmant l'excellence de leur qualité. »

Ambiance.

Le Stade Toulousain survivra à Bouscatel. Toulon sans Boudjellal, ce n'est pas sûr...

**MAE HEN WLAD FY NHADAU
YN ANNWYL I MI,
GWLAD BEIRDD A
CHANTORION, ENWOGION
O FRI ;
EI GWROL RYFELWYR,
GWLADGARWYR TRA MAD,
TROS RYDDID COLLASANT
EU GWAED.
GWLAD ! GWLAD ! PLEIDIOL
WYF I'M GWLAD**

**« Dans ce jeu merveilleux, tout le monde
a un jour raison ; heureusement, pour progresser,
qu'un autre jour tout le monde a tort. »**

Nous sortons d'un match à couteaux tirés contre l'Angleterre à Paris.

Nous avons gagné le match de justesse, trois points je crois, et j'estime, nous estimons tous, qu'il y a de quoi lever les bras au ciel. On s'est battus comme des chiens.

Tour d'honneur. Le public a l'air heureux. On rentre au vestiaire. Les entraîneurs nous disent que nous avons été parfaits, que nous avons fait ce que nous devions faire, que ce que nous avions prévu a fonctionné. Bonne défense, bon jeu au pied, bonne possession.

Nous nous apprêtons à passer en « zone mixte » où nous rencontrons d'ordinaire les journalistes pour quelques questions.

Je m'arrête devant une grappe de micros tendus et, là, la première question m'est posée par un jeune homme tout à fait sérieux, que je n'ai jamais vu de ma vie, et qui me demande si nous n'avons pas l'impression de nous être trop souvent débarrassés du ballon. Nous aurions pu, dû perdre ce match, me dit-il. J'aurais pu le tordre, le mec. Tu bats la meilleure équipe du Tournoi et l'autre qui couine !

J'ai dû avoir une réponse idiote, banale, du style « ouais, mais on a gagné », et je me suis cassé. Qu'est-ce que tu veux dire à ça ? J'étais sur le cul. Et sur cette simple réaction, moi le « good guy », je deviendrais un « bad guy » ? Bien. D'autres questions ?

Les médias, ça t'en touche une quand t'es jeune et ça te fait bouger l'autre quand tu prends de la bouteille. Au début, t'as ton nom dans le journal, à la télévision, puis tu n'y fais plus attention.

Personnellement, je m'en fous. J'ai été vexé une fois par une critique, un mauvais papier après un match.

Rien de personnel. Et j'ai ensuite immédiatement arrêté d'y prêter attention.

Ce n'est pas exactement faire l'autruche, c'est surtout réaliser que les journalistes ne savent rien de la façon dont nous travaillons à l'entraînement, comment on restitue ce travail durant le match. En fin de compte, ils sont incapables de dire si c'est un match réussi ou raté.

« Heureusement qu'il y avait mon nez, sinon je l'aurais pris dans la gueule. »

Si le coach dit au demi d'ouverture de taper 50 fois dans le ballon, le match dans son entier sera jugé comme merdique et celui qui a tapé les 50 ballons passera pour une chèvre. Mais si tu l'as fait, et bien fait, pour l'entraîneur, c'est 10/10.

Et je ne vous parle même pas de toutes les petites choses qui passent inaperçues aux yeux des journalistes, voire qui sont invisibles, dans le jeu des avants par exemple, les placements, avant et après une action.

S'ils ne les voient pas, ce n'est pas seulement parce que la tribune de presse est loin du terrain, mais aussi parce qu'on ne peut pas avoir des yeux partout. C'est impossible.

Qu'est-ce qu'un journaliste sportif ? Quelle est sa légitimité pour donner des notes à quinze joueurs sur un match ? S'il voulait vraiment bien faire le boulot, il devrait regarder au minimum quinze fois le même match en observant méticuleusement tout ce que fait chaque joueur durant 80 minutes. Il devrait avoir accès aux données des GPS. Aux briefings, etc. Là, il commencerait à avoir un avis objectif sur le joueur.

Ça me paraît hallucinant de juger un joueur simplement sur 80 minutes. Il faudrait regarder sur un temps plus long, match après match. Mais qu'est-ce qu'ils aiment écrire ? Que Quade Cooper est un génie ! Mais ce type fait un match intéressant puis en aligne trois de merde ! Si son coup de génie tombe lors d'un match contre la France, on ne l'aura vu jouer que cette fois-là. On n'aura aucune idée de sa prestation sur les deux autres tests d'une tournée d'automne par exemple. Et Quade Cooper est un pur produit médiatique. Dan Carter, lui, fait les bons choix pendant 80 minutes. Et le match d'après aussi, et encore et encore. Entre les deux, moi, je sais qui est le génie.

« Les journalistes sportifs sont très limités, ils ne parlent que des matchs de rugby, pas du spectacle qu'il y a autour, et c'est dommage. »

De toute façon, mon idée du journalisme de sport est plus littéraire.

Je crois au talent de l'écriture. Les analyses de match ne servent à rien. Il y a des entraîneurs pour ça. Et on est très bien placé pour savoir si on a bien joué ou pas. C'est aussi pour cela que je ne connais pas de joueurs qui s'y fient. Il arrive parfois que l'on se serve de certains articles pour avoir la haine avant de rentrer sur le terrain. Si un journaliste nous massacre, on va chercher dans l'article des raisons de lui faire manger son stylo.

Mais l'analyse d'un journaliste ne vaut pas tripette. Je préfère largement lire ceux qui développent un style reconnaissable, bien à eux, et qui ne prétendent pas faire du technico-tactique.

Pierre-Michel Bonnot de *L'Équipe* fait partie de ceux-là. Pourtant, c'est un dur. On ne peut pas dire qu'il soit plus objectif que les autres, mais au moins, tu as plaisir à le lire même quand il est méchant. Il l'est, parfois. Il a ses têtes de Turc. Il insère dans ses papiers des références autres que le sport, le cinéma, les livres, etc. Je préfère me faire joliment défoncer par Pierre-Michel Bonnot que médiocrement par un autre. Il me fait marrer.

En conférence de presse, il est là, il écoute, il ne dit rien, il observe et le lendemain : boum !

Par ailleurs, je crois qu'il y aurait beaucoup plus de choses à creuser dans le journalisme sportif en dehors des simples 80 minutes d'un match.

Nous avons autre chose à donner que la seule performance sportive. Il est dommage que les journalistes ne prennent pas plus de temps pour s'intéresser à nous autrement que sur la performance ou les transferts, voire les histoires privées, les rumeurs.

Qu'est-ce qui a fait le succès d'un film comme *Les yeux dans les Bleus* ? C'est la genèse du résultat. L'histoire commune.

Un entraîneur ne peut pas dévoiler toutes les clés de son travail, de sa méthode, de sa stratégie, de sa préparation. C'est logique. On peut l'interpeller directement sur sa sélection, pourquoi untel plutôt que tel autre, mais c'est à peu près tout. C'est ce qui fausse la donne. *Midi Olympique,* le seul journal de rugby qui sort deux fois par semaine, c'est la référence. Tout le monde le lit au premier degré. C'est parole d'évangile... alors que 80% de sa production sont tout bonnement inutiles. Dans les analyses, en tout cas. Par ailleurs, ils sont piégés par leur proximité avec le milieu. S'ils écrivaient tout ce qu'ils savaient, ils ne travailleraient pas longtemps. Plus personne ne leur parlerait. Il y a aussi ceux en qui tu as confiance, pour une raison ou pour une autre, et qui reproduisent des informations que tu leur as données dans une discussion amicale. Là, en général, ça fâche. Richard Escot de *L'Équipe* a déjà tâté du retour de bâton avec Frédéric Michalak.

En plus de ça, on vit aujourd'hui une époque étrange où n'importe qui peut s'adresser à toi par messages privés sur les réseaux sociaux.

Les mecs sur Twitter se foutent de ta gueule parce que tu as une coiffure qui leur revient pas. Tu es cité dans des forums sur Internet à partir d'une phrase rapportée qui est inexacte. Bref, en ces temps de communication totale, on tombe dans un cercle vicieux. Le pire, c'est que certains joueurs préfèrent qu'on parle d'eux en mal plutôt que pas du tout. J'en reviens à Quade Cooper. En Australie, il fait les gros titres des tabloïds, il a des tas de casseroles aux fesses, il fout sur la gueule de ses coéquipiers, il picole, il a une grande gueule et c'est une star. La culture est tout autre là-bas. Michalak et Chabal, qui ont été exposés avant nous à cette omniprésence médiatique, n'en ont plus rien à faire. C'est vrai, ils en ont tiré des avantages non négligeables. Mais enfin, c'est incomparable. Bon, en France, ce n'est pas l'enfer non plus. Ça reste du sport. Rien d'autre. Mais notre réalité n'est pas celle qu'on lit dans les journaux. Et nous nous méfions beaucoup.

« Ces champs clos sont les lieux de batailles où les seules armes sont le courage, la vaillance et l'abnégation, et les clameurs toujours celles de l'espérance. »

Le traitement du rugby dans les médias a pris un virage radical en 2007 avec la Coupe du monde en France.

Il y a eu un avant et un après.

En Australie, en 2003, les médias étaient présents, mais la plupart ne s'intéressaient qu'au sport. À part peut-être pour les Anglais qui étaient traqués. Nous, nous étions à la plage tous les soirs et personne ne nous épiait. C'était très très cool.

En 2007, une vraie stratégie de communication a été mise en place. TF1, Chabal, la Fédération, les enjeux politiques, nous étions programmés pour une apothéose, tout le monde a voulu la mettre en scène, sauf que le sport, ce n'est pas du théâtre ni même de la propagande.

En 2011, l'équipe était carrément surveillée. Il était même difficile d'aller boire une bière tranquille. Ça a été un gros changement. On l'avait pressenti avec l'affaire Bastareaud en 2009. Elle a révélé que les joueurs n'étaient absolument pas préparés à cette nouvelle donne et prouvé à quel point ils étaient démunis quand se produisait un événement extra-sportif imprévisible.

Évidemment, Mathieu Bastareaud ne s'est pas battu avec sa table de chevet. Il n'y a pas eu d'agression dans la rue, comme il l'a maladroitement raconté pour masquer la vérité. En fait, il y a eu baston dans l'hôtel avec d'autres joueurs, comme c'est déjà arrivé que des joueurs se foutent sur la gueule entre eux en tournée. Pour tout vous dire, ça arrive tout le temps quand les mecs sortent et boivent. Où est le problème ? Ça les regarde. Mais cela a donné lieu à tellement de spéculations de la part des journalistes ! Tout ça s'est passé dans l'hôtel, entre deux joueurs. Ce qui est sûr, c'est que Mathieu avait beaucoup trop bu. Il est vrai aussi que personne, à part les gars en question, n'a assisté à la scène et que l'on ne pouvait pas en dire grand-chose si on n'y avait pas été mêlé.

Personnellement, ça ne m'intéresse pas, ce genre d'histoires. Mais ça fait vendre du papier. Un peu comme le dopage. D'après ce qu'on m'a raconté, à côté de certaines épopées des années 1990, nos histoires à nous, c'est des contes pour enfants. Il y avait à l'époque quelques gaillards intéressants dans le milieu, comme dans l'équipe de Brive du temps de Patrick Sébastien.

Apparemment, on pouvait scalper des types qui passaient par là, en boîte de nuit, pour une simple histoire de gonzesse.

Les hôtesses étaient souvent comprises dans la réservation des chambres d'hôtel. Et la fameuse baston où Lamaison et Carbonneau sont allés faire chier les Gallois qui buvaient un coup tranquille dans un bar. Bon, on ne va pas faire la liste parce que ce n'est pas mon idée de balancer pour balancer. Je veux simplement dire que les raisons des dérapages restaient relativement confidentielles. Alors que Bastareaud, c'est tout juste si on ne lui a pas collé le FBI sur le dos. C'était devenu *Les experts à Wellington*. Beaucoup de bruit pour rien.

Après 2003, au-delà des journalistes, les smartphones et les ordinateurs sont arrivés et c'est sans doute la dernière Coupe du monde que nous ayons disputée dans des conditions de tournée. C'était encore une expédition. On était à l'autre bout du monde, entre potes. Je me souviens qu'on achetait encore des cartes téléphoniques pour appeler nos familles en France pour ne pas payer trop cher.

Aujourd'hui, oui, la médiatisation outrancière est un danger pour les joueurs. Certains tombent dans le panneau, certains se construisent une image, un personnage. Sur Facebook, on présente toujours son meilleur profil... Un joueur peut se servir des 500 000 *followers* de son compte Facebook. Ça peut se monnayer quand il y a des contrats personnels. Je dis ça, mais ça ne concerne que quelques-uns.

Michalak, Dusautoir, Clerc, Chabal pourraient faire valoir leur réseau virtuel. Il y en a que ça dérange, mais de moins en moins. Avec un ordinateur, c'est vrai, les types peuvent aussi se fermer, se renfermer.

En 2011, en Nouvelle-Zélande, l'ambiance avait changé du tout au tout. L'équipe de France était seule contre tous. Il y avait eu l'affaire Bastareaud, il y avait cette rivalité avec les All Blacks, parce que nous leur avons toujours fait des misères en Coupe du monde, et, sur place, le point de vue médiatique dominant était celui des tabloïds, ces journaux populaires à scandale. Je crois que l'équipe en a souffert. Pas forcément de ça, mais des conséquences, de l'isolement qui s'en est suivi. Tu sors le moins possible, tu ne fais pas de vagues. Quand tu es un joueur, tu essaies toujours d'avoir la meilleure image possible et, dans ces cas-là, l'ordinateur peut servir. C'est une porte de sortie pour s'évader.

Et puis, le pouvoir des observateurs s'est accru. Aucun entraîneur ne vous le dira, mais quand un jeune joueur fait un bon match, si la presse l'encense, cela influence à la fois le sélectionneur et le joueur.

Aujourd'hui, ça compte, c'est certain. Marc Lièvremont s'est terriblement exposé sur ce terrain. Il s'est mis dans une position sacrificielle par rapport à la presse. Après l'humiliation subie face à l'Australie en 2010, il a voulu expliquer sa façon de voir les choses, il a jugé les joueurs, assumé ses propos en expliquant qu'il changeait de méthode.

D'une certaine manière, il a été très franc, mais ça s'est retourné contre lui. Il aurait presque mieux valu qu'il s'en tienne à des banalités. Je comprends son agacement à l'égard des journalistes avec qui il a voulu jouer la transparence et qui ont utilisé ça pour le flinguer. Vexé, il n'aurait pas dû non plus traiter les journalistes par le mépris. Ils ne l'ont pas loupé. Quand tu leur dis que, de toute façon, ils peuvent écrire ce qu'ils veulent et que t'en as rien à foutre, ben, tu ne vas pas en conférence de presse. Les Anglais font ça très bien. Le coach vient, dit les trois phrases qu'il veut dire et il repart. Et pour lui arracher un mot de plus, tu peux courir.

Depuis 2007, la présence accrue des caméras a aussi pu avoir une influence négative sur le jeu. La tentation existe, chez certains joueurs, de marquer l'essai seul, de tirer la couverture à soi. Ce n'est pas forcément un mal tant que ce n'est pas au détriment du groupe. Mais si tu es repris avant la ligne parce que tu as refusé une dernière passe, ça ne va plus du tout. Sauf que, évidemment, les résumés à la télé montrent les marqueurs d'essais. Et ceux qui ont bossé pour qu'il y ait essai, on ne les voit pas à l'écran. D'où l'importance de marteler encore et toujours aux jeunes joueurs qu'ils ne sont pas tout seuls.

Tu ne peux pas reprocher à un joueur d'avoir envie d'être médiatisé, c'est presque naturel. Mais attention ! Les jeunes se leurrent souvent : s'ils parviennent à marquer dès leurs premiers matchs, c'est qu'ils bénéficient d'un effet de surprise.

Ça va marcher une ou deux saisons. La presse va crier au génie, à la perle rare. Après, tu es très vite repéré.

Les adversaires s'organisent et ça devient plus dur. C'est ce qui est arrivé à Wesley Fofana. Cette deuxième phase est plus difficile pour les joueurs. Ce n'est pas qu'ils deviennent moins bons, c'est qu'ils ont été pris en compte, analysés par ceux d'en face, on sait désormais comment les prendre. C'est une période cruciale pour un joueur, parce que c'est là qu'on va voir s'il est capable de s'en sortir, d'imaginer, d'improviser, de se remettre en question. C'est là aussi où l'on sent qu'on a besoin du collectif et qu'on n'est plus face au miroir flatteur des caméras. La nouveauté, ça dure un temps, très court.

Un type comme Yannick Jauzion, sûrement un des meilleurs centres mondiaux de sa génération, n'a sûrement pas eu la reconnaissance médiatique d'un Wesley Fofana. Et pourtant, quel joueur ! Jauzion ne faisait pas le spectacle, il était précis et discret.

Cette période de doute, probablement liée au fait que les médias les oublient un peu parce que leur performance se normalise, doit être transformée en énergie mentale.

Dernier exemple parlant : je pense à Teddy Thomas qui est au début de sa carrière. Il marque un essai contre l'Australie, trois contre les Fidji, mais bon, c'est les Fidji. En réalité, qu'est-ce qu'il a fait, qu'est-ce qu'il a prouvé ? On en fait tout un foin parce qu'il a traversé une fois le terrain en zigzaguant dans tous les sens... Mais il n'est pas encore dans la même catégorie que les autres. Il n'a pas fait une saison où l'on s'est dit : « Tiens, c'est un client ! »

Les joueurs ne sont pas dupes. Personne ne croit au talent inné. Teddy Thomas peut devenir excellent s'il se met dans les dispositions mentales appropriées pour le devenir. Mais on prend de la valeur dans la durée, pas en traversant une fois le terrain tous les trois matchs. Quand on regarde les formations qui disputent la Coupe du monde, on retrouve toujours les joueurs les plus réguliers dans les sélections, c'est-à-dire ceux qui présentent le meilleur rendement sur une série de rencontres. On en revient toujours au même constat. Un joueur régulier en pleine bourre sera toujours meilleur que l'homme du moment. J'ai aussi souvent remarqué que la première impression que donne un joueur au sélectionneur était souvent la bonne. À lui d'insister et de le convaincre, de le rassurer.

Ce que les médias ne captent pas, c'est qu'ils ne savent pas grand-chose de la façon dont les conflits se règlent en interne. Quand tu te distingues trop par rapport à l'équipe, comme ça a été le cas de Morgan Parra au début de sa carrière et de François Trinh-Duc plus tard, tu t'exposes au rejet du groupe.

Si tu es très au-dessus du lot, mais que tu es un connard, tu n'arriveras à rien. D'autant plus si tu l'affirmes haut et fort. Là, t'as pas intérêt à te louper. Tu ne peux jouer ta carte personnelle en rugby qu'à cette condition : tu n'as plus droit à l'erreur. Morgan Parra est quelqu'un d'orgueilleux, ça peut être tout à fait profitable, mais il faut faire attention quand tu t'exprimes.

La barrière à ne pas franchir dans le rugby, c'est de rejeter la faute sur les autres. C'est aussi de ne pas accepter d'être écarté de l'équipe et de le faire savoir publiquement. D'un autre côté, pour être parfaitement franc, il est possible que « la modestie soit le masque de la vanité ». Les joueurs qui affichent leur modestie à tout bout de champ ne sont pas forcément sincères. Ils suivent un code d'honneur. Dans le rugby, on peut penser être meilleur qu'un autre, que les autres, mais on ne peut pas le dire. Les meilleurs joueurs du monde se sont tous imposé cette réserve comme un devoir. Quand Maxime Médard a déclaré qu'il serait le plus grand arrière du monde, ça a fait rire tout le monde.

« Le vrai courage, c'est celui de tenter des coups. »

Dans tous les sports de combat, il faut avoir confiance en soi, mais il faut toujours avoir à l'esprit qu'il ne faut pas se mettre en avant. Pourquoi ?

Regardez un boxeur, un karateka, il ne la ramène pas parce qu'il sait qu'à tout moment il peut se retrouver au tapis. En rugby, la star, c'est l'équipe. Dit comme ça, ça paraît con, mais c'est la réalité.

Il n'y a pas de confrontation directe en rugby. Ce n'est pas du ski ni un contre-la-montre. On ne peut pas considérer la performance d'un joueur indépendamment de l'équipe.

Peu de joueurs renversent la vapeur tout seuls. Il y a des joueurs, oui, comme Jonny Wilkinson ou Dan Carter, qui influent largement sur le rendement de leur équipe, mais eux aussi ont besoin des autres.

Croyez-vous que Wilkinson passe son drop en Australie en finale si ses avants ne font pas le nécessaire pour qu'il y parvienne ? Quand il y a des écarts, le recadrage se fait plutôt entre joueurs. On ne se réunit pas dans une pièce pour donner une leçon au fautif, c'est plutôt sur le ton de la plaisanterie. On le chambre. Ça rigole, mais, mine de rien, c'est dit.

Et puis, la contre-performance et la blessure te guettent sans cesse au rugby. Le meilleur pilier du monde peut se faire tordre en mêlée.

Sergio Parisse est certainement le meilleur numéro 8 du monde, mais il joue avec l'Italie. Stephen Donald n'est peut-être pas le meilleur ouvreur des All Blacks, mais il est champion du monde. Tout seul, on ne peut pas faire gagner son équipe. On participe à la victoire ou à la défaite. Il serait temps que les médias prennent en compte cette caractéristique essentielle de notre sport pour être plus justes quand ils jugent les joueurs.

**AUSTRALIANS ALL LET
US REJOICE
FOR WE ARE YOUNG AND FREE
WE'VE GOLDEN SOIL
AND WEALTH FOR TOIL
OUR HOME IS GIRT BY SEA
OUR LAND ABOUNDS
IN NATURE'S GIFTS
OUR BEAUTY RICH AND RARE
IN HISTORY'S PAGE, LET EVERY
STAGE
ADVANCE AUSTRALIA FAIR !
IN JOYFUL STRAINS THEN
LET US SING
ADVANCE AUSTRALIA FAIR !**

« On n'était pas sous EPO. Mais sous AEP,
apéritif en permanence. »

Dans quelques années, on lira peut-être dans un livre : « En 2015, les joueurs prenaient des acides aminés. »

Comme on lit aujourd'hui qu'ils prenaient des amphétamines et du Guronsan dans les années 1980. Si, à l'avenir, prendre des acides aminés devenait une forme de dopage (ce n'est bien entendu pas le cas pour l'heure), alors on écrira que moi, les joueurs de ma génération, tous sans exception, nous étions dopés. Je suis d'accord. Tout dépend de la règle en vigueur.

Or la règle sur le dopage, en France tout du moins, est très stricte. Le contrôle sur la durée, les analyses biologiques, les contrôles inopinés, on vit avec ça tous les jours. Personne ne dit que le dopage n'existe pas dans le rugby, mais il faut être très malin pour ne pas se faire prendre.

Moi-même, dans ma jeunesse, j'aurais pu me laisser avoir. Des préparateurs physiques te proposent des trucs, tu ne sais pas ce que c'est. Mais on m'a toujours tellement mis en garde, y compris mes entraîneurs, que j'ai adopté une position de défiance maximale. On ne m'obligera pas à prendre une substance inconnue. Même quand les compléments alimentaires sont arrivés dans le milieu, j'étais réticent. La règle la plus dangereuse, c'est que si tu te fais pincer, tu seras tenu pour seul responsable, notamment en équipe de France.

En club, il peut arriver qu'il y ait des procédures à l'encontre de joueurs soupçonnés de dopage ou dopés : Eifion Lewis-Roberts à Toulon, Chiliboy Ralepelle à Toulouse. Des étrangers surtout. On les transfère, parfois même au beau milieu d'une saison. Mais bien sûr, le club ne va pas faire un communiqué de presse détaillé.

Ce qui est sûr, c'est que rien n'est avéré dans le rugby français.

Ou plutôt, on ne sait pas. Ce que l'on peut dire sur le dopage, sans se tromper, c'est qu'il n'est pas organisé et n'est pas généralisé. Mais personne ne peut empêcher un mec de se charger. Personne ne peut empêcher un joueur d'écouter les conseils d'un préparateur physique personnel. Ce que je sais, par expérience, c'est que le danger, pour un joueur isolé, vient des produits vendus sur Internet. Il peut y avoir dans leur composition des substances dopantes sans qu'on le sache vraiment. L'autre danger est d'acheter des produits frelatés.

Je suis sans doute un peu naïf, j'ose toujours espérer qu'un jeune rugbyman aujourd'hui réclamera une expertise de tout produit qu'il compte avaler. Je me fourre le doigt dans l'œil, sans doute.

Je sais aussi que le dopage touche beaucoup plus les joueurs des divisions inférieures et les jeunes.

Chez les professionnels, ça me paraît difficile quand tu connais les contraintes médicales au sein du club et les contrôles. Et puis, ça me paraît suicidaire d'un point de vue de la santé et surtout en termes de carrière. C'est encore ce qui limite le mieux la tentation, la peur d'être désavoué par le milieu.

Yoann Huget ne s'est pas présenté à un contrôle et a loupé la Coupe du monde à cause de cette connerie. Avant ça, il avait subi quinze contrôles, tous négatifs. Ça fait réfléchir. Mais il n'y aucune raison que le dopage n'existe pas dans le rugby, il faut être très clair.

Cela dit, je n'ai jamais vu de mes yeux quelqu'un prendre un médicament ou s'injecter un produit devant moi dans un vestiaire ni faire appel à un pharmacien personnel. Sauf cas isolé, dans le cadre de soins particuliers, quand un mec revient de blessure par exemple. Tous les produits que nous consommons en club sont théoriquement contrôlés par un laboratoire indépendant. Les compléments alimentaires que nous prenons sont hyper vérifiés et les contrôles aléatoires de l'AFLD (Agence française de lutte contre le dopage), s'ils ne sont pas fréquents, sont une épée de Damoclès. Et notre législation est plus dure sur ce sujet que celle des autres nations.

Je lis ou j'entends, par-ci, par-là, que l'on assiste à des prises de masse musculaire spectaculaires entre 18 et 20 ans grâce aux hormones de croissance. Mais à cet âge-là, tu es encore en pleine croissance justement. Et quand tu passes de quatre séances d'entraînement physique à huit par semaine, oui, tu peux prendre 10 kilos de muscle en deux ans sans recourir à des produits illicites. À condition de suivre un programme d'entraînement précis.

Le fait qu'un joueur prenne 10 kilos en deux ans ne constitue pas une preuve de dopage. Parce que, quand bien même nous prendrions des hormones de croissance, on ne passerait pas au travers des mailles du filet. Enfin, un rugbyman ne dispose pas du budget lui permettant de payer un laboratoire qui lui fournirait des produits masquants, au cas où. Et je pense que tout cela est très bien surveillé et détecté.

Comment ça se passe ? Nous avons obligation de déclarer à l'AFLD toutes nos prises de médicaments rentrant dans le cadre de soins. Pas des médicaments qui améliorent la performance. Avec une ordonnance médicale, tu peux échapper à certaines sanctions. Comme Steffon Armitage de Toulon, contrôlé positif. Il avait pris du Dafalgan...

Je me souviens d'un match en moins de 20 ans que j'avais joué, il y a déjà longtemps, contre l'Afrique du Sud. Ils étaient dix-sept à être asthmatiques. Bon, là, dans ce cas, je dis qu'il ne faut pas déconner, on nous prend vraiment pour des cons. Et c'est vrai que les étrangers qui débarquent dans notre Championnat ont souvent cette culture-là. Avec eux sont arrivés des mélanges de produits qu'on ne connaissait pas jusque-là. Des sortes de cocktails. Ça, j'ai pu le constater. Et pour moi, consommer régulièrement ce genre de produits trahit obligatoirement des prédispositions au dopage.

C'est sûr, même les compléments alimentaires, ça peut paraître tendancieux. En troisième mi-temps, dans des soirées privées, j'ai vu des mecs prendre des stupéfiants. Ça, oui. C'est encore plus fréquent dans l'hémisphère Sud. L'Australie a un grave problème avec ça, y compris avec l'alcoolisme et les drogues que prennent certains joueurs pendant ces soirées. C'est limite choquant. Pas évident, ensuite, de déterminer où s'arrête la prise de cocaïne présumée « festive » et où commence le dopage...

Ça me rappelle l'affaire Pieter de Villiers. Il aurait bu au cours d'une soirée privée un punch dans lequel on aurait versé « à son insu » de la poudre. Ça tendrait à dire quoi ? Qu'il y avait des gens dans le microcosme du Stade Français qui consommaient de la cocaïne ? C'est bien possible. Dans un but de dopage ? Ce n'est pas prouvé. Nous ne sommes que dans la suspicion.

**« Les portes de sortie ne manquent pas.
Les petites, les grandes.
Et même celle de l'infirmerie. »**

J'avais entendu dire, à l'arrivée de Marc Lièvremont, que le staff médical avait essayé d'obtenir les fiches de suivi médical des joueurs de l'équipe de France auprès des clubs.

Visiblement, ça avait été très compliqué, même si certains clubs avaient joué le jeu. Il faut reconnaître que durant la période Lièvremont, le staff avait mis un point d'honneur à nous informer sur les risques encourus en cas de dépistage positif.

Sur le plan médical, l'équipe de Lièvremont voulait vraiment se distinguer sur la préparation physique en innovant par la recherche scientifique. Ils cherchaient sans doute à prouver, ou à se prouver, que l'on pouvait rivaliser avec l'hémisphère Sud en travaillant avec plus de précision. Par ailleurs, ils estimaient que la musculation était à la carte. Ils considéraient qu'on en faisait déjà beaucoup en club. Mais on était relativement libres d'y aller ou pas.

À la place, il y avait des tests physiques ludiques, qui nous permettaient de nous tirer la bourre entre nous. Il y avait ceux que ça amusait et ceux qui s'en passaient bien volontiers. Je crois que le staff souhaitait responsabiliser les joueurs sur leur préparation physique par des méthodes alternatives à la seule prise de force musculaire. L'idée avait du bon : il ne s'agissait pas uniquement de faire profiter le XV de France de leurs méthodes, mais d'échanger avec les préparateurs physiques des clubs sur le sujet, sur les méthodes de travail.

Parce qu'au rugby, le véritable danger, c'est que le dopage te permet de récupérer plus vite des efforts.

Ce qui signifie aussi que les dopés se repèrent d'autant plus facilement qu'ils ont la capacité de travailler beaucoup plus que les autres. Laisser la liberté aux joueurs d'aller en musculation ou pas pouvait aussi être une manière de repérer des besoins particuliers. Et de croiser des informations avec les clubs.

Avec Bernard Laporte, au contraire, nous étions une entité à part. Il s'occupait de l'équipe de France comme si c'était son club. Il n'entrait pas trop dans la politique fédérale.

Avec lui, nous avions subi énormément de tests physiques. Sans que je comprenne d'ailleurs vraiment dans quel but.

Toujours est-il qu'à quatre mois de la Coupe du monde 2007 est arrivé un préparateur physique qui n'était pas de la Fédération et qui nous a pris en main. Les médecins de l'équipe de France se sont alors trouvés dans une position délicate. Ils allaient devoir contrôler ce que faisait ce type.

Ont-ils découvert des choses sur un joueur ?

Tenus par le secret médical, auraient-ils dit la vérité ?

Si c'était le cas, vers qui se seraient-ils retournés ?

Le joueur ?

Le club ?

Le préparateur physique ?

L'entraîneur ?

Vous imaginez les cas de conscience auxquels un médecin, qui tient entre ses mains le destin d'un joueur, peut se trouver confronté ?

Quand le nouveau staff est arrivé, je sais qu'ils n'avaient pas trop d'éléments à leur disposition pour savoir où en étaient réellement les joueurs après la Coupe du monde 2007. L'équipe de Laporte n'a pas laissé à ses successeurs de données précises sur les tests physiques. On peut trouver ça bizarre. Ou pas. À notre niveau, il est impossible de savoir quoi que ce soit, on n'est pas dans le secret du cabinet médical quand un joueur parle au médecin. On ne sait pas ce qu'ils se racontent.

Un sportif de haut niveau qui fait travailler son corps six heures par jour ne peut pas avoir la même alimentation que monsieur Tout-le-Monde. Je ne dis pas qu'il se dope forcément, je dis que la frontière est ténue. En ce qui me concerne, je me dis : « Au lieu de manger vingt blancs d'œuf ou deux cuillerées de poudre, tu prends quoi ? La poudre. »

Un navigateur ne peut pas faire le tour du monde en solitaire en faisant la cuisine midi et soir. Il bouffe de la poudre. On parle aussi d'omerta du milieu sur le dopage. Il n'y a pas d'omerta, il y a du dopage isolé parce qu'on n'est pas à l'abri de quelques abrutis. La saison dernière, deux mecs se sont fait avoir.

Un arrière de Brive et un joueur de Fédérale 3. Au cannabis. Il y a mieux comme dopage.

Le rugby demeure un sport relativement propre. Ça peut dégénérer, mais en France, l'organisme d'État, qui est à la pointe de la lutte anti-dopage, va vraiment au combat dans le dépistage. Ce que l'on fait moins, c'est d'incriminer la hausse des cadences des compétitions. Elles risquent d'écourter les carrières parce que les gars se fracassent beaucoup plus tôt. On voit des gars laisser tomber à 28-29 ans. Il y a quatre ou cinq ans, ça n'existait pas. Ça, c'est un signe fort. Il faudrait peut-être aussi travailler sur les calendriers. Les interdictions de jouer, ça vient de là. Il y a trop de K.-O., de traumatismes. Les interdictions, j'y suis favorable. Dommage, en revanche, que la Ligue n'ait pas l'air se soucier de diminuer le nombre de matchs.

« J'ai arrêté le rugby car le terrain devenait de plus en plus grand et le ballon de plus en plus petit. »

En fait, je crois que le dopage touche surtout les gens qui n'ont rien à perdre, un peu comme dans le cyclisme, il me semble. Il est aussi possible qu'à un moment donné, de façon ponctuelle, ça puisse aider un joueur à passer un cap.

Un pilier que j'ai croisé, qui a eu un début de carrière court et frustrant au haut niveau, pouvait présenter tous les signes du joueur qui a pu avoir recours au dopage. Pour revenir et atteindre l'équipe de France après être passé par les divisions inférieures, ça peut interpeller. Il a quand même changé six fois de club en treize ans. Je ne dis pas que c'est le cas, je n'ai aucune info ni aucune preuve à ce sujet. Simplement, je trouve ça louche.

D'autres signes peuvent venir des clubs eux-mêmes. À Biarritz, il y a eu beaucoup de suspicion autour de joueurs du club. Laurent Bénézech en parle dans son livre[2] en désignant un préparateur physique, Alain Camborde[3].

Et le retour en grâce de ce pilier en équipe de France, en 2008, correspond à son passage à Biarritz.

Par la suite, il sera victime de blessures à répétition : genou, tendon d'Achille, biceps... Il y a vraiment un faisceau d'indices pour le moins troublants.

Avant cela, il avait dû se battre pour accrocher une place de titulaire dans son club. Mais en tout cas, à 17 ans, dans un centre de formation, je ne vois pas comment on peut faire. Le nœud de tout ça, c'est l'humain. J'ai bien peur que quand on croise le diable,

2. *Rugby, où sont tes valeurs ?*, éd. La Martinière.
3. En 2013, Camborde a été condamné à trois mois de prison avec sursis pour importation et détention de marchandises prohibées et exercice illégal de la profession de pharmacien.

on ne réfléchisse plus pareil. Passer à l'acte, ce serait s'enfermer dans le mensonge. Pour tout le monde et pour toujours. Je pense qu'en ce qui me concerne, le plus dur est derrière moi. Je ne serais pas tenté. Et pour dédramatiser, j'aurais tendance à penser qu'en France, le problème du joueur, c'est quand même plus la clope et le pinard que les corticoïdes !

UIT DIE BLOU VAN ONSE HEMEL
UIT DIE DIEPTE VAN ONS SEE
OOR ONS EWIGE GEBERGTES
WAAR DIE KRANSE ANTWOORD GEE

SOUNDS THE CALL TO COME TOGETHER
AND UNITED WE WILL STAND
LET US LIVE AND STRIVE FOR FREEDOM
IN SOUTH AFRICA OUR LAND

« On naît en pleurs, tout nu et tout mouillé ; cela rappelle parfois le retour aux vestiaires. »

Le plus difficile à vivre pour un sportif de haut niveau, c'est de passer de sa vie privée à la vie d'équipe quatre fois par jour.

Je ne suis pas le seul à quitter la maison tous les matins, à déposer les gamins à l'école, à prendre la voiture et à me rendre au centre d'entraînement. Mais je crois que c'est dans ce quotidien que les questions les plus sensibles montent au ciboulot.

J'ai encore les yeux bridés par le sommeil, il est neuf heures et je sais exactement à qui sont les voitures sur le parking, qui je vais retrouver dans le vestiaire et que, dans 15 minutes, je vais courir. Un jour, je me suis demandé si je ne suivrais pas cette autoroute, là, celle qui s'ouvre à moi tous les matins et qu'il me plairait de prendre, pour changer. Aller sur la plage, m'asseoir, regarder les vagues, tout arrêter. En hiver, quand le froid pique, mettre les crampons, courir sur la terre gelée, trottiner en rond comme un baudet, on peut se demander à quoi ça rime.

Nous ne sommes pas exactement les fauves que les gens s'imaginent quand ils nous voient dans les grandes occasions.

Ici, le degré émotionnel est à zéro. Puis, on va se faire des passes, en long, par-derrière, en accélérant, en freinant, en se croisant. Les corps se réchauffent. Les doigts s'animent. Le ballon, ce machin bizarre, pourquoi avoir tant envie de le toucher, de le malaxer ?

Retour à l'intérieur. Le cliquetis des barres d'acier, le choc de la fonte sur un tapis, les ressorts qui grincent, les cris des joueurs qui s'interpellent.

« Putain ! Tu te crois au Gymnase Club ? Tu fais de la gonflette ? » Le planning. Toujours le planning. Le préparateur physique vient te voir. Il te demande où tu en es. Il parle à ton corps. Il regarde comment tu plies les genoux.

Vers midi, il faut aller manger, ça laisse à peine deux heures de répit. Je voudrais déjeuner en ville. Est-ce que j'ai le temps ? Avec qui ?

« On entend souvent dire que le rugby n'est pas un sport comme les autres. Sa rudesse exceptionnelle, la complexité de ses règles, la fascination qu'il exerce sur ceux qui tiennent ou croient tenir la clé de son mystère, lui donnent en effet un visage à la fois redoutable et secret. »

Je me suis toujours demandé quelle était la vie des gens qui viennent nous regarder à travers les grillages comme des bêtes curieuses. Parfois, j'ai l'impression d'être un animal au zoo.

Que cherchent-ils ? Une poignée de main ? Un sourire ? Une phrase amicale qu'ils rapporteront chez eux comme un trophée ? Quelles sont leurs émotions ? Et ces gamins, le mercredi ? Veulent-ils devenir ce que je suis ? Un mec relativement normal qui, au lieu d'aller au bureau devant un ordinateur, inspecte son corps comme un moteur, regarde des vidéos parfois sans même vraiment les voir, bercé par le monologue de l'entraîneur ?

Il m'arrive de m'extraire.

Je ne suis pas exactement où je suis.

Je ne me dédouble pas, je fais les choses, je ne m'abandonne pas à la facilité, mais j'ai comme des flashs.

C'est dans ces moments creux que tu sais ce qui te manque. Il te faut ressentir la tension. Celle qui te fait réaliser pourquoi tu fais tout cela. C'est l'avant-match.

Comme quand j'étais gamin, le moment où tout démarre. Où ton corps et ton esprit ne vont devoir faire qu'un, tout en savourant l'instant.

Cette parenthèse, c'est comme être dans une salle des pas perdus où tu attends quelqu'un avec impatience. Tu sens doucement monter la tension. Je suis très sensible à cette notion d'ambiance qui se fige, c'est celle des grands matchs. Ces matchs-là ont une logique naturelle. Les choses s'imbriquent d'elles-mêmes, les unes après les autres. La qualité des deux formations est évidemment au cœur de tout.

Quand l'enjeu du match est important, tout ça se propage dans l'air, le camphre sent plus fort, les yeux sont plus vides, les mots s'éteignent comme des bougies.

Certains mecs vomissent tout ce qu'ils peuvent, parce qu'ils sont nerveux ou comme pour se purger.

On sent au-dessus de nos têtes, dans les tribunes sans doute, qu'une foule se rassemble et t'attend. Elle a faim. Elle va te bouffer tout cru quand tu vas rentrer dans le stade.

Ça va gronder, trembler, et il faudra que tu t'en tiennes à ce que tu es venu faire. C'est comme un troupeau qui se déplace, flairant le prédateur. Dans les vestiaires, les comportements de mes coéquipiers changent. L'émotion se transforme en flux nerveux.

Je me touche les jambes, les bras, je suis entier. Mais tout à l'heure ? On peut parler de magie qui s'installe. Le match contre les All Blacks à Cardiff, en 2007, avait tous ces ingrédients. Le genre de match que tu peux perdre sans être abattu à la fin parce qu'il comble tous tes désirs de joueur. Un désir plein, compact, à couper le souffle. On en sort repu comme après un banquet.

Avec l'expérience, on arrive à savourer le festin bien avant le match en lui-même. Il s'insinue en toi. Dans ces cas-là, oui, on se dit qu'on est au bon endroit, au bon moment.

On sait exactement pourquoi on est là, je suis exactement là où je dois être. Je sais pourquoi j'en ai bavé, matin, midi et soir.

Durant un match, d'ordinaire, je me sens souvent en décalage. Je reste bloqué dans le passé, à ressasser une action qu'on a ratée, ou je me projette dans le futur en essayant de prévoir l'action suivante, comment l'anticiper. Il est beaucoup plus rare de vivre un match au présent en continu comme celui-ci.

Quand on atteint cette sensation-là, ce présent permanent, c'est qu'on est en train de disputer un match d'anthologie. On ne réfléchit plus. C'est aussi pour ça que l'on joue mieux que d'habitude. Il arrive, dans ces grands moments, parfois, qu'un détail puisse toutefois te faire sortir quelques secondes de cet état. Tu n'as pas le temps de réfléchir, tu n'es plus dans la réflexion, mais dans quelque chose qui se rapproche de la prémonition. Presque. Tout est si parfait qu'on arrive à visualiser l'action en train de se dérouler comme avec un temps d'avance. Et c'est ce qu'un joueur recherche. Cette sensation, c'est notre quête.

Dans ma carrière, j'ai eu de la chance de retrouver cet état second plusieurs fois, en club, en équipe de France. C'est comme une drogue. Quand on a ressenti ça une fois, on veut en reprendre.

Mais nous sommes tous différents.

Personnellement, il m'arrive des trucs, je ne sais même pas ni pourquoi ni comment ça vient.

Tiens, il y a une scène que je revis souvent, même dans les moments les plus tendus avant un match important. Je suis assis dans le vestiaire, j'aperçois mon reflet dans une glace et je me dis, comme si j'avais besoin de m'extraire du lieu pour regarder une dernière fois la situation avant de mieux y plonger ensuite :

« Dans un quart d'heure, tu vas rentrer sur le terrain devant des milliers de spectateurs », et ça me fait marrer de penser à cette situation, moi en train de m'habiller comme un imbécile heureux. Je me vois dans la glace. Devant moi, dans un parfum de pommade, les autres font leurs bandages, ils se préparent, gesticulent, je les observe et, moi, je suis en slip, torse nu, mon short à la main, mon maillot posé sur le banc.

Puis, il me suffit de me retourner, de revenir parmi les autres, et c'est reparti, je rebascule dans l'atmosphère qui mène à l'arène. Me voir en double, alors que nous allons vivre un match de folie, c'est décomplexant et libératoire. Tout ça n'est pas si grave. C'est pour faire retomber un instant la pression. Je ne sais pas. Dans un vestiaire, j'observe beaucoup. Je ne suis pas tout à fait spectateur, mais j'aime voir les autres joueurs dans leur préparation. Ce sont de purs moments où l'on se sent en confiance tous ensemble, où l'on se fait confiance. Ça n'arrive pas si souvent dans la vie. On est un peu comme au cinéma. On joue évidemment le rôle des joueurs et de l'équipe soudée, mais ce n'est pas du tout du chiqué, ce n'est pas fait pour faire semblant parce qu'à ce moment précis les sentiments qui nous habitent sont sincères, vrais. Il y a une communion. Les Anglo-Saxons ne sont pas du tout dans cette théâtralité tandis que nous aimons bien la dramaturgie. Ces moments avant de rentrer en scène donnent du sens et de la valeur à ce pourquoi nous sommes là. Je vous donne l'exemple totalement opposé : les Australiens, on dirait qu'ils n'en ont rien à cirer, ils sont capables du meilleur comme du pire, mais ils n'appréhendent pas le jeu comme nous. Tu les vois arriver dans les vestiaires en discutant, en se marrant. Ils se baladent en tongs, se racontent où ils comptent partir en vacances après.

« On a appelé le rugby sport-roi, parce que nulle part ailleurs les belles qualités de l'homme, les qualités qui font l'homme, ne trouvent un terrain plus favorable pour se révéler. »

Chez les Latins, tu n'entendras pas une mouche voler pendant deux jours. Et si ce n'est pas le cas, on passe à côté. C'est pour cette raison que nous avons des comportements un peu fous, il nous faut nous sublimer et ça passe par des cérémonies bizarres. Eux, ils ne se prennent pas la tête avec ça. Or, on ne peut être toujours disposé à atteindre des états seconds avant de rentrer sur un terrain.

Et si ce cirque devait servir à quelque chose, ce serait à faire monter cette énergie collective qui nous a poussés à aller au devant des All Blacks pour leur montrer que, cette fois, nous y étions, qu'ils n'allaient pas se régaler. Dans les phases finales pour les clubs, dans les matchs couperets pour l'équipe nationale, ça se passe comme ça. Il n'y a pas à proprement parler de discussions entre joueurs à ce moment-là, tout est affaire de présence, de regards.

Il y a celui qui vomit, celui qui pleure, un autre qui attend assis dans un coin, celui qui s'applique à mettre ses protections, et je regarde tout ça avant de me mettre en condition pour le match. Mais il va de soi que l'on n'atteint pas ces sensations extrêmes tous les dimanches. Tous les films ne se valent pas. Le reste du temps, il existe une sorte de normalité, un tempo régulier, routinier presque. Il arrive même que, dans les grandes occasions, on n'y parvienne pas, les acteurs n'entrent pas dans leur rôle, ne changent pas de peau.

Et dans ces cas-là, on perd.

« Il n'y a qu'une bonne raison pour rater un entraînement, c'est la mort. Et encore, il faut venir avec un certificat. »

Pour moi, ça a toujours été évident. Je ne me suis jamais posé la question d'arrêter, à part récemment, précisément.

J'y reviendrai.

Mais l'âge n'a rien à voir là-dedans.

La lassitude vient de la répétition. Des matchs et des entraînements. Et la lassitude, quand elle vous prend, n'a rien à voir non plus avec l'expérience. Ça peut être en début de carrière ou à la fin, voire au milieu.

En fait, on a besoin de souffler, de faire autre chose, de trouver un dérivatif ou une autre passion, pour revenir plus frais, retrouver l'originalité, le privilège de notre position. Oui, j'aurais envie de faire autre chose, parfois. Quand j'en parle à d'autres, le sentiment de lassitude touche le plus souvent les joueurs qui sont dans des clubs ou des équipes dans des situations rugbystiques compliquées. L'équipe de France en ce moment. Ou quand tu passes trois ou quatre ans à lutter pour ne pas descendre en division inférieure, sans jamais pouvoir espérer un jour remporter un quelconque trophée. Il n'y a rien de pire que de jouer pour le maintien, pour survivre. Pour l'avoir vécu il y a peu, je sais ce que ça fait.

Et évidemment, quand tu es lassé, ton implication baisse. Et sans la flamme, forcément, ton niveau de jeu aussi en pâtit. On n'en parle jamais. Comme d'autres choses d'ailleurs, mais là, c'est le sujet tabou par excellence. Parce qu'au fond, on a tout de même toujours envie de jouer, de ne pas quitter la barque. On ne veut pas trahir ce sentiment. Et personne n'irait voir le capitaine ou le coach pour lui dire : « J'en ai plein le cul, j'ai besoin de vacances. »

Tu as le droit d'être fatigué quand tu joues, Championnat, Coupe d'Europe, plus le Tournoi et la Coupe du monde, non ? J'avais trouvé Mathieu Bastareaud confondant de sincérité quand il a déclaré devant les caméras, après un match à Jean-Bouin cette saison, qu'il n'en pouvait plus, qu'on ne pouvait plus continuer comme ça. Et puis, on est toujours sous pression. Au bout d'un moment, tu peux avoir envie de dire « stop ». On peut être lassé moralement aussi. Ça peut aussi provoquer des blessures sans qu'on ait emplafonné personne.

Selon moi, il vaut mieux avoir une passion extra-sportive, un défouloir. Pour éviter de trop se poser de questions sur les raisons pour lesquelles tu exerces ce métier. Elles peuvent te miner. Parfois, il suffit de quinze jours de vacances, tu te retapes le moral, tu recharges, tu oublies le rugby et tout le reste.

Quand je ne serai plus professionnel, je pense que je continuerai à jouer quand même. Je me serai débarrassé de tout, sauf du jeu. Je jouerai avec des amis, à « toucher » ou sur une plage. Avec des jeunes aussi. Sans compétition. Ce serait un prétexte pour se retrouver entre potes. C'est difficile de se projeter dans l'avenir quand tu joues encore dans un club professionnel. Et particulièrement quand le rythme est soutenu.

Personnellement, je trouve ça assez dur. Mais, avec une bonne carrière derrière soi, ce qui est mon cas, je crois qu'on ne nourrit pas de regrets. Parfois, je pense aussi à des amis de mon âge, qui terminent tout juste leurs études et qui vont seulement commencer à bosser alors que, moi, je suis en fin de carrière. Après avoir vécu intensément du rugby pendant une vingtaine d'années, je me rends compte que je vais avoir la chance, l'opportunité, de démarrer demain une vie supplémentaire, de vivre une autre vie.

J'aurai eu deux vies.

Il va juste falloir réapprendre à vivre. En gros, deux années de chômage après le dernier contrat ne seront pas de trop pour se défaire du manque. Pour réapprendre à vivre à un autre rythme, avec d'autres gens, y compris avec sa famille.

Je verrai.

À ce moment-là, il me sera difficile de ne pas retourner dans un club. Peut-être me viendra-t-il l'idée de travailler pour lui. Pas sur le terrain, non. Aujourd'hui, il y a tout un tas de métiers intéressants dans le milieu du rugby. La formation des jeunes, le syndicat des joueurs pros... Ainsi, je ne serai ni trop proche ni trop loin de ce qui a occupé pleinement mon corps et ma tête durant tant d'années.

À quoi je pense en m'approchant du terme de ma carrière ?

Que j'ai vécu sans jamais avoir un week-end de libre. Certes, on peut amener nos gosses à l'école, être disponibles pour eux, mais on est toujours en décalage avec le reste des gens. Le plus compliqué, évidemment, ça reste les tournées et tout ce qui va avec... Quand tu as un enfant en bas âge ou qu'une naissance est annoncée et que tu es appelé pour partir en Nouvelle-Zélande, forcément, c'est très compliqué à vivre pour toi et pour ceux qui restent. Ça ne va pas sans tension. Parfois, c'est perceptible par les autres. Mais ce n'est pas le plus dur. Le plus dur à vivre, c'est pour nos femmes. Avoir un mari, père de famille, sportif qui rentre au quotidien à la maison, ce n'est pas le plus facile. Ça n'a rien à voir avec le joueur qui rentre de tournée et qui est content de se poser. Moi-même, je sais que je ne contrôle pas forcément mes humeurs, je ne peux pas manger comme tout le monde, je suis dans un monde parallèle, pris par les sensations et les émotions d'un match qui vient de s'achever, d'un entraînement, d'une sélection ou pas.

Bien sûr, un cadre sup' peut rentrer chez lui avec ses soucis du boulot, mais la grosse différence est que le rugbyman encaisse des décharges émotionnelles très intenses, il s'y habitue et cela crée une sorte de terrible décalage avec les petits détails qui font la vie de couple et que, parfois, nous ne voyons pas. Il y a indubitablement une forme de dépendance à l'adrénaline. Celle qui t'empêche de dormir après les matchs. D'un autre côté, avoir des enfants t'aide quand le métier commence à peser, au bout d'un moment. Le repos du guerrier n'est pas loin. Je crois que c'est vrai chez tous les sportifs. On est victime de notre engagement. On manque de repères dans un quotidien familial réglé sur d'autres priorités que de gagner ou perdre.

Mais si je devais recommencer, je ferais tout pareil.

Autant les victoires que les défaites.

Autant les sélections que les non-sélections.

Je garderais mes blessures, mes fractures, mes larmes, mes fous rires.

Et surtout, mon masque. Pour rester le plus transparent possible.

¡ LIBERTAD, LIBERTAD,
ORIENTALES !
ESTE GRITO A LA PATRIA
SALVÓ,
QUE A SUS BRAVOS
EN FIERAS BATALLAS,
DE ENTUSIASMO SUBLIME
INFLAMÓ.
DE ESTE DON SACROSANTO
LA GLORIA MERECIMOS
¡ TIRANOS TEMBLAD !
¡ TIRANOS TEMBLAD !
¡ TIRANOS TEMBLAD !
¡ LIBERTAD ! EN LA LID
CLAMAREMOS
Y MURIENDO TAMBIÉN
LIBERTAD.

¡ LIBERTAD !
EN LA LID
CLAMAREMOS
Y MURIENDO TAMBIÉN
LIBERTAD.
TAMBIÉN LIBERTAD.
TAMBIÉN LIBERTAD.

« L'amour c'est comme le rugby : ça commence par une touche et ça finit par un plaquage. »

Le rugby est un milieu où des relations professionnelles très éloignées du jeu peuvent se nouer.

Nous évoluons dans un monde où, tandis que nous jouons, que nous nous rentrons dedans, des affaires peuvent se traiter entre grandes entreprises dans le confort des loges.

Une fois le spectacle terminé, les contacts se prolongent, à travers le réseau des partenaires, des sponsors, parfois même en dehors des frontières de l'Hexagone. Le joueur de rugby se retrouve propulsé au cœur d'un milieu économique vibrionnant. À l'intérieur duquel, évidemment, il peut lui aussi faire du business, surtout s'il est un peu malin.

C'est le cas de mecs intelligents comme Frank Mesnel, qui a monté sa boîte de fringues, des trucs comme ça. La marque Eden Park est emblématique de ce qu'on peut faire en mettant à profit sa notoriété alliée au sens des affaires.

D'autres ont le bagage intellectuel et le diplôme pour trouver rapidement du boulot. Comme Thomas Castaignède, dorénavant dans la finance. Mais il ne faut pas se méprendre, les entreprises, si elles sont disposées à t'accueillir, le feront d'abord dans leur propre intérêt. C'est un plus pour une société que d'avoir parmi ses cadres un joueur de rugby. Elles sont très preneuses de tout ce qui touche au management collectif, à la solidarité, à l'esprit d'équipe, tout ça. Mais si le mec ne sait rien faire, il ne sera pas embauché, il ne faut pas rêver. Un nom ne suffit plus. La période ne se prête pas tant que ça aux passe-droits comme c'était le cas à une certaine époque, quand Jean-Pierre Rives était représentant chez Ricard ou Jo Maso chez Adidas. Ce n'était pas vraiment des boulots. Ils faisaient de la présence, de la représentation. Il faut être lucide.

Aujourd'hui, tant que tu joues, même si tu n'as pas fait d'études universitaires, tu peux quand même espérer recevoir une formation à un métier. Mais ça prend du temps. Et un joueur qui n'a aucune plus-value, à part avoir un nom dans le rugby, aura du mal à repartir de zéro. C'est pour ça que les contrats personnels à côté sont une bonne façon, non pas de combler un manque à gagner mais de mettre de l'argent de côté pour la suite.

Si tu n'es pas con, il existe des tas de passerelles, mais elles ne sont pas aussi faciles à emprunter que ça. Dans le rugby, il y a beaucoup de PME qui investissent pour leur image, mais elles n'iront pas jusqu'à salarier un type qui ne peut pas être productif. Ce n'est pas possible. Il faut donc prévoir l'avenir tout en étant impliqué dans le jeu au présent, et ce n'est pas simple.

Après, il y a les affaires et les affaires. Tout le monde n'est pas Bernard Laporte qui, parti d'un camping, est entré dans les casinos, la grande restauration, la politique, etc. Ça en a choqué certains. Pourtant, chacun est libre, non ? Il a utilisé son nom, son poste, il en a profité, et alors ?

La tentation, ou la faiblesse de certains, c'est de se prendre pour une starlette très rapidement. Les starlettes en herbe, on les repère facilement, elles se dispersent, leurs performances baissent. Il faut donc prioriser. Très tôt.

Mais prioriser, ce n'est pas si simple qu'on pourrait le croire. Encore un écueil : il est difficile de travailler à ses affaires en même temps qu'on soigne son image. Il faut bien saisir cette nuance.

Quand Christophe Dominici enchaînait ses publicités tout en jouant en équipe de France et en club, et qu'il investissait dans d'autres affaires, ça ne devait pas lui laisser beaucoup de temps pour faire autre chose. Je comprends qu'on s'interroge sur l'opportunisme de tel ou tel joueur qui fait passer ses intérêts, en apparence du moins, avant le sportif, mais au fond, ça ne regarde que lui.

Fabien Galthié fait dix mille choses. Radio, télés, journaux, restaurants, pubs, conférences, c'est une usine. Bien sûr, personne n'a mis le couteau sous la gorge des annonceurs ou des sociétés qui lui ont proposé d'utiliser son image. Mais il est tout de même entraîneur-manager d'un club. Est-ce que cette boulimie ne lui a pas porté tort, en fin de compte ? Je pense que si.

Tout le monde n'a pas fait d'études ou n'a pas une passion suffisamment dévorante en dehors du rugby pour se construire une après-carrière avant que celle-ci ne prenne fin. Alors je ne vois pas ce qu'il y a de honteux à faire feu de tout bois et à saisir toutes les opportunités qui passent.

Je sais bien que dans le rugby, pour beaucoup d'observateurs, on vit toujours dans le mythe du mec tout simple qui bosse à La Poste, qui aime les bagarres générales et qui se bourre la gueule le soir après le match dans le bar-PMU du coin. Franchement, je préférerai toujours le joueur qui travaille sérieusement à préparer son avenir, quoi qu'il fasse. Pour moi, l'image qu'il renvoie de son sport et de lui-même est tout de même plus intéressante. Les footballeurs sont autrement plus médiatisés tout en gagnant beaucoup plus d'argent, et on ne les traite pas d'opportunistes ni de mercenaires.

C'est tout de même cocasse qu'on se pose la question pour les rugbymen, et pas pour Lionel Messi ou Wayne Rooney. Pourtant, je remarque que le monde de l'entreprise préférera toujours faire intervenir des rugbymen dans des colloques, des débats, des conférences, plutôt que des footballeurs.

Il y a une demande d'expérience sur des thèmes comme la solidarité ou l'investissement personnel au sein d'une entreprise. Et les rugbymen sont souvent payés pour témoigner de ce que signifie être ambitieux au sein d'un collectif.

Le danger qui émerge, c'est de voir de très jeunes joueurs être pris en charge très tôt par des agents, des sponsors qui en font des stars avant l'heure ; mais des stars qui, au début, gagnent... le SMIC, il faut quand même le rappeler.

Un jeune de 18 ans, prometteur, ce que j'étais à mes débuts, peut aujourd'hui se voir proposer de rouler dans une super voiture parce qu'il va signer un contrat personnel avec une marque. Ce qui l'oblige à passer le permis... Non, je plaisante... Je veux dire qu'il se rapproche du footballeur parce qu'on met la charrue avant les bœufs. Il n'a pas le salaire d'un footballeur, mais il peut en avoir toutes les apparences. Mais comme la mondialisation du rugby passe par le Top 14, avec des recrues qui coûtent de plus en plus cher, il n'est pas certain que ce jeune joueur puisse un jour montrer ses qualités dans une équipe professionnelle et gagner suffisamment sa vie pour payer le plein de la voiture qu'on lui a offerte.

Car au milieu d'étrangers de plus en plus nombreux, il aura de moins en moins de chances de percer.

Peut-être sommes-nous en train de former en France de très bons joueurs condamnés par la concurrence à gagner des cacahuètes. Je ne sais pas s'il faut protéger nos jeunes joueurs ou limiter la présence de joueurs étrangers dans les clubs, mais il est clair que le Top 14 ressemble de plus en plus à la NBA.

Par ailleurs, les grandes nations de rugby parviennent à garder leurs joueurs. Ils jouent et ça donne les All Blacks, les Australiens, les Sud-Africains et maintenant les Anglais, d'excellentes équipes nationales. En France, nous récupérons les bons joueurs des nations mineures et les joueurs des grandes nations en fin de parcours. Et nos jeunes joueurs ne s'exportent pas.

Alors ? Il reste la Pro D2, mais là aussi, la demande de joueurs confirmés augmente. On l'a vu avec le recrutement de Lionel Nallet et Sébastien Chabal partis à Lyon finir leur carrière en étant très bien payés. Pour les jeunes joueurs, les débouchés professionnels dans leur propre sport ne sont donc même plus évidents, excepté pour une poignée de talents exceptionnels. C'est-à-dire une infime minorité de joueurs. Si je compare la feuille de match de mes débuts professionnels à celle de mon équipe aujourd'hui, je me demande si j'aurais eu ma place.

J'ai eu du bol. Beaucoup de bol.

« Le terrain de rugby se salit avec la transpiration et se lave dans le sang. »

Je dois au rugby mon extrême liberté.

D'agir.

De penser.

D'aimer.

De m'opposer aussi.

Ce sport m'a permis d'exister pleinement grâce à mes dispositions.

J'ai appris la discipline, à respecter la vie des autres, leurs choix, leurs idées, leurs différences.

Je me suis souvent amusé du travers des autres. C'est le jeu. Ce sont les vrais amis qu'on charrie le plus.

J'ai eu le bonheur de m'inscrire dans l'histoire de ce sport à côté de joueurs immenses, sans qui je n'aurais pas été aussi bon et avec lesquels on a toujours pris les choses du bon côté.

Une défaite ne tue pas, une victoire ne fait pas de toi un surhomme.

Heureusement pour moi, j'ai des projets qui vont sans doute m'éloigner un temps du rugby, mais je sais que son langage, ses joutes oratoires, ses excès vont vite me manquer.

Vous comprenez ? J'aime ma famille, mes amis, mais je ne peux pas les charrier comme je charrie mes coéquipiers, les vieux comme les jeunes. Rien ne me fait plus marrer que de savoir que dans vingt, trente ans, je croiserai des gars comme moi, tout vermoulus, tout cassés de partout, et que, nous aussi, nous serons des anciens combattants. Nous raconterons sûrement les mêmes histoires que les vieux qui nous font chier aujourd'hui parce que le rugby prolonge tellement la jeunesse qu'on ne devient jamais vraiment raisonnable.

Tous les excès, toutes les hypocrisies, toutes les histoires sordides, toutes les troisièmes mi-temps à dormir debout, toutes les engueulades, tout ça peuplera nos souvenirs.

Je ne sais pas si mes enfants joueront au rugby, je ne les forcerai pas, mais si c'est le cas, je resterai le Rugbyman Masqué.

Je ne leur dirai pas combien de fois j'ai montré mon cul en public, combien de fois je me suis envoyé en l'air, combien de fois je me suis soûlé, combien de fois j'ai eu peur, combien de fois mes coéquipiers m'ont sauvé de dérapages incontrôlés. Combien de kilos de fonte j'ai soupesés, combien de tours de terrain j'ai effectués.

Je leur laisserai découvrir comment il est possible que des gens si dissemblables puissent former un monde désespérant et à hurler de rire à la fois, un monde tellement attachant aussi. Je dois au rugby d'avoir pu construire ma vie d'homme au-delà du simple geste sportif. C'est tout le charme de ce sport. Le rugby est un mélange de traditions et de modernité qui ne s'amalgament jamais tout à fait.

Toutes les générations ont connu ça. Mais, à la fin, quand je serai devenu un vieux dirigeant sucrant les fraises au milieu de jeunes joueurs en smoking, je surveillerai les plus cons, ceux qui n'ont qu'une idée, se barrer pour aller picoler et draguer les filles. Je les surveillerai pour qu'ils ne se prennent pas pour des stars.

Sinon, ils auront affaire à moi.

Et le lendemain, ils auront une sacrée gueule de bois.

JE SUIS LE RUGBYMAN MASQUÉ

« La passe devient un trait d'union afin de n'être plus qu'un. Ce ballon qui passe de main en main, ce ballon porteur d'allégresse, de bonté, d'amour de l'autre, finit par réunir les êtres au point de les confondre. C'est l'extase, l'acte suprême dans l'amour physique, la jouissance pure. C'est encore pour un instant la défaite de la solitude, de l'individualisme, de la bêtise... C'est un acte que l'on a envie de prolonger indéfiniment. »

CITATIONS DANS LE DÉSORDRE, À VOUS DE JOUER !

Jacques Fouroux, entraîneur rêvant de rugby All Black, Bernard Laporte, coach, Vincent Moscato, rugbyman acteur, Charles Gondouin, arbitre, Raymond Abellio, écrivain du Sud-Ouest, Jeff Tordo, capitaine de l'équipe de France du play-back 1993, Daniel Herrero, philosophe rugbyman, Pascal Ondarts, pilier basque, Pierre-Jean Bourguignon, polytechnicien, Françoise Sagan, romancière fascinée, Francis Marmande, chorégraphe de l'Ovalie, Daniel Dubroca, Monsieur Propre de l'équipe de France, François Pienaar, capitaine des Springboks, Serge Blanco, arrière de légende, Amédée Domenech, talonneur tribun, Pierre Albaladejo, « pied et voix d'or », Frédéric Michalak, demi de mêlée et d'ouverture, Thierry Lacroix, international kiné, Lucien Mias, capitaine dit Docteur Pack, Jean-Pierre Rives, capitaine sculpteur blond, Jean Trillo, trois-quarts centre souvent associé à Jo Maso, Antoine Blondin, écrivain tactique, Louis Malle, cinéaste gracieux, Émile Ntamack, la panthère noire toulousaine, Philippe Guillard, rugbyman réalisateur, Fabien Galthié, demi de mêlée entraîneur, Jean-François Tordo, talonneur combattant, Jacques

Lepatey, trois-quart aile gauche, René Bouscatel, président du Stade Toulousain, Mourad Boudjellal, président médiatique du RCT et businessman, Max Guazzini, vice-président de la LNR, amateur de calendriers, Michel Yachvili, talonneur surnommé « Le Russe », Jean-Claude Skrela, troisième ligne et manager...

Pour les hymnes, c'est plus simple...

***Flower of Scotland, Lands of my fathers,
God defend New Zealand, La Marseillaise,
Fratelli d'Italia, Nkosi Sikelel'i Afrika,
God Save The Queen, Kimi gay o, Orientales,
La Patria o la tumba, Advance Australia Fair,
Ko e Fasi'o e Tu'i o e 'otu Tonga, Ireland's Call,
Hen Wlad fy Nhadau, Ka Mate, Desteaptà-te
române !, Himno Nacional Argentino.***